LES ROSES.

TOME TROISIÈME.

LES ROSES,

PAR

P. J. REDOUTÉ,

PEINTRE DE FLEURS,

Dessinateur en titre de la Classe de Physique de l'Institut
et du Muséum d'Histoire Naturelle.

AVEC LE TEXTE,

PAR CL. ANT. THORY,

MEMBRE DE PLUSIEURS SOCIÉTÉS SAVANTES.

TOME TROISIÈME.

A PARIS,
DE L'IMPRIMERIE DE FIRMIN DIDOT,
IMPRIMEUR DU ROI, DE L'INSTITUT ROYAL DE FRANCE, ET DE LA MARINE.
RUE JACOB, N° 24

1824.

ROSA GALLICA

latifolia.

R. *germinibus subglobosis; foliolis latis, ellipticis, supra glabris, subtus pubescentibus; serraturis ciliatis; calycinis laciniis corolla brevioribus.* (N.)

LE ROSIER DE PROVINS

à grandes feuilles.

DESCRIPTION.

Ce Rosier s'élève, en un buisson touffu, à la hauteur de deux ou trois pieds. Ses tiges, divisées en rameaux nombreux, sont armées d'aiguillons rapprochés, assez courts, inégaux, faibles et presque droits. Les feuilles se composent de cinq, plus rarement de sept folioles d'un vert-foncé, glabres en-dessus, plus pâles et tomenteuses en-dessous. Ces folioles sont remarquables par leur grandeur, puisqu'elles présentent, pour la plupart, plus de quatre pouces de long sur près de deux pouces de large. Le pétiole qui les supporte est velu, rude au toucher, parfois, mais rarement, muni d'un ou de deux aiguillons très-petits. A sa base sont deux stipules décurrentes, bifides, pointues au sommet, tomenteuses en leur bord. Les fleurs se réunissent, plusieurs ensemble, à l'extrémité des rameaux. Les pédoncules et les pédicelles sont hérissés d'un grand nombre de poils roides spinuliformes. Les tubes du calice, parfois globuleux, parfois ovoïdes sur un même individu, sont garnis de pareils poils. Les divisions du limbe, trois pinnatifides et deux simples, sont tantôt pointues, tantôt spatulées au sommet, glanduleuses à l'extérieur, et munies intérieurement d'un duvet blanchâtre. La corolle présente cinq à six rangs de pétales d'un rose-foncé, échancrés en cœur au sommet. Le fruit, presque ellipsoïde, est d'un rouge-vif à la maturité.

OBSERVATIONS.

Cette belle variété, remarquable par ses feuilles presque aussi grandes que celles du noyer, a été obtenue de semence, il y a quelques années, dans le jardin fleuriste du Roi, à Sèvres, par M. Lelieur, alors administrateur de cet établissement. Elle n'est pas encore très-répandue. On la rencontre, greffée, dans quelques jardins d'amateurs, mais on ne la trouve pas dans le commerce. Son feuillage, dans lequel réside son principal mérite, nous a paru plus grand sur les individus cultivés à l'ombre que sur ceux exposés au soleil.

Rosa Gallica latifolia. Rosier de Provins à grandes feuilles.

P. J. Redouté pinx. Imprimerie de Remond Langlois sculp.

ROSA SPINULIFOLIA

Dematratiana.

R. *spinulifolia.* Dem. Essay, p. 8, spec. 10.
R. *spinulifolia Dematratiana.* Thy. Prod. p. 115, fig. 1
Rosier à feuilles épineuses. *Hortul.*

LE ROSIER SPINULÉ

de Dematra.

DESCRIPTION.

Ce Rosier s'élève en buisson à la hauteur de trois ou quatre pieds, ou environ. Ses rameaux, d'un rouge-brun, sont armés d'aiguillons solitaires, souvent opposés, longs, à-peu-près, de sept à huit lignes, peu dilatés à leur base, et droits. Les feuilles se composent de cinq, plus rarement de sept folioles ovales, pointues à la base et au sommet, d'un vert-gai et glabres en-dessus, plus pâles et munies en-dessous, tant sur les nervures ordinaires que sur les nervures confuses, d'une multitude de petites épines crochues, très-visibles à l'œil nu, à bordure inégale, ciliée et glanduleuse. Le pétiole qui les supporte est velu, muni de glandes et de quelques petits aiguillons : à sa base sont deux stipules bifides, pointues au sommet, glanduleuses en leur bord. Les fleurs latérales et terminales naissent solitaires à l'extrémité des ramuscules qui croissent le long des branches principales. Le pédoncule et le tube ovoïde du calice sont hérissés de poils spinuliformes. Les divisions du limbe sont tantôt simples, tantôt garnies de pinnulles très-déliées. Corolle de cinq pétales d'un rose-tendre. Styles libres.

Enumération des variétés de ce Rosier.

ROSA SPINULIFOLIA.

R. *germinibus ovatis (globosisve) pedunculisque spinosis; calycibus pinnatis, pinnis linearibus; pedunculis (petiolis) villosis aculeatis; foliolis supra glabris, infra spinosulis.* Dem. *l. c.*

* *Tubes ovoïdes, aiguillons droits.*

α. R. *spinulifolia* Dematratiana. Thy. *l. c.*
R. *germinibus ovatis pedunculisque glanduloso-hispidis; foliolis orbiculato-ovalibus, supra glabris, subtus undique spinosulis; serraturis glanduloso-serratis; caule aculeis rectis, subgeminatis.*

HABITUS.

Frutex 3—4. *pedalis, ramosus.* Rami *stricti, fusci, aculeis rectis, solitariis vel geminatis, etiam ternatis armati.* Foliola *quina rarius septenna, orbiculato ovalia, supra glabra, subtus, ad nervos et venas, spinulis glandulisque obsita, profunde serrata, serraturis subiterum serratis, villoso-glandulosis.* Petioli *tomentosi, aculeolati.* Stipulæ *acuminatæ, supra glabræ, subtus villosulæ, margine glandulosæ.* Pedunculi *terminales, solitarii, glanduloso-hirsuti.* Tubus calycis *oviformis, glanduloso-setosus, setis subreflexis.* Laciniæ calycinæ *glandulis sessilibus præditæ, intus margineque albo-tomentosæ, appendiculatæ, appendicibus linearibus.* Petala *quinque, obcordata, pallide rubra.* Fructus *oviformis, hispidus, phœniceo-purpureus : maturus nigrescit.* (N.)

Découvert près Châtel-sur-Montsalvens, dans le canton de Fribourg, en Suisse, par M. le doyen Dematra, curé de Corbières.

** *Tubes globuleux, aiguillons presque droits.*

β. R. *spinulifolia* Foxiana. Thy. *l. c.* p. 116, fig. 2.
R. *germinibus globosis; foliolis oblongo-ovalibus, subtus dense spinosulis glandulosisque; caule aculeis subrectis.*

HABITUS.

Frutex 4 *pedalis et altior, erectus, ramosus.* Rami *aculeis subrectis, geminatis armati.* Foliola *oblongo-ovalia, subtus, dense, spinulis glandulisque obsita.* Tubus calycis *globosus.* Laciniæ calycinæ *lanceolatæ, apice dilatatæ, appendiculatæ.* Fructus *globosus hirsutus. Cætera uti in variatione* α. (N.)

Nous avons dédié cette variété à la mémoire du célèbre Fox (Ch.-J.), l'un des plus grands orateurs dont s'honore l'Angleterre : on sait que parmi ses délassements favoris, la Botanique était au premier rang, et qu'à sa campagne, *Saint-Anne's-hill*, il cultivait particulièrement les Rosiers, même qu'il en possédait une riche collection, classée par espèces, et dans un ordre admirable.

Ce Rosier croît spontanément sur la bordure des bois, aux environs de Verviers (Pays-Bas), d'où il nous a été rapporté vivant, avec plusieurs autres, par M. Lemanceau, dans l'été de 1819. Les pétales sont plus grands et d'un rouge un peu plus vif que dans la var. α. Il nous a semblé ne différer en rien du R. *Pseudo-rubiginosa* de Lejeune, Fl. de Spa 1, p. 229, autant qu'il nous a été possible d'en juger d'après un exemplaire desséché de ce dernier Rosier qui nous a été envoyé par mademoiselle Libert de Malmedy.

Rosa Spinulifolia Dematratiana. Rosier Spinulé de Dematra.

P. J. Redouté pinx. Imprimerie de Rémond Chapuy sculp.

ROSA BIFERA

macrocarpa.

R. *germinibus infundibuliformibus, subsessilibus, rectis; caule aculeis majoribus minoribusque confertissimis, subrectis; floribus subcorymbosis.* (N.)

R. *bifera macrocarpa.* Thy. Prod. de la Mon. du Rosier, p. 84, var. γ.

Rosier Lelieur. *Hortul.*

LA QUATRE SAISONS

Lelieur.

DESCRIPTION.

Arbrisseau rameux qui s'élève à la hauteur de deux pieds et demi ou trois pieds, au plus. Ses branches sont hérissées d'un grand nombre d'aiguillons rougeâtres, d'inégale longueur, presque droits, peu dilatés à leur base, les plus forts souvent longs de sept à huit lignes. Les feuilles se composent de cinq à sept folioles ovales, arrondies à la base et au sommet, d'un vert-foncé en-dessus, velues en-dessous et en leur bordure. Elles sont portées par un pétiole glanduleux muni de quelques aiguillons, ayant à sa base des stipules bifides, écartées au sommet, denticulées et glanduleuses sur les bords. Les fleurs sont disposées en plusieurs corymbes partiels, de trois à six fleurs, rapprochées entre elles : ces corymbes se réunissent à l'extrémité des rameaux et présentent un ensemble de vingt, trente, et même quarante fleurs élégamment redressées et d'un parfum délicieux. Les pédoncules, munis d'aiguillons à leur base, se confondent dans les tubes infundibuliformes du calice et sont, comme ce dernier organe et ses divisions pinnatifides, couverts d'un grand nombre de petits poils glanduleux visqueux et odorants. Ces pédoncules et les pédicelles, dans chaque corymbe partiel, sont garnis, à leur base, de bractées ovales-allongées, glabres en-dessus, munis, en-dessous et sur les bords, de poils et de petites glandes brunes, les unes sessiles, les autres pédicellées. Corolle de quatre ou cinq rangs de pétales, d'un rose-pâle, jaunes vers l'onglet, échancrés en cœur au sommet, ceux du centre roulés et chiffonnés. Styles velus et distincts. Fruits gros et beaucoup plus allongés que ceux des autres variétés de l'espèce.

OBSERVATIONS.

Ce Rosier a été obtenu de semence dans le jardin fleuriste du Roi, à Sèvres, il y a quelques années, par M. Lelieur (de Ville-sur-Arce), auteur d'un traité, très-estimé, sur la culture du Rosier, publié à Paris en 1811. Les amateurs se sont empressés de lui témoigner leur reconnaissance, en donnant à cette variété du R. *Bifera* le nom de Rose Lelieur, sous lequel il s'est répandu dans les jardins, et que nous lui avons conservé.

Ce bel arbrisseau se couvre de fleurs depuis le mois de mai jusqu'à la fin de juillet : mais il faut le cultiver à l'ombre. Il est prolifique au plus haut degré, et, dans l'arrière-saison, on trouve des branches entières (nous en conservons une desséchée) sur lesquelles des fleurs sortent immédiatement de tous les bourgeons.

Rosa Bifera macrocarpa. *La Quatre Saisons Lélieur.*

P. J. Redouté pinx. Imprimerie de Rémond. Victor sculp

ROSA MYRIACANTHA

R. *calycum tubis globosis glabris, laciniis foliolisque glanduloso-pilosis, caule erecto, aculeis confertis rectis.* DC. *syn.* p. 331. *Idem*, Fl. franç. éd. 3, n° 3698. Desv. Journ. Bot., sept. 1813, var. α. Nouv. Duham. vol. 7, p. 21. Thy. Prod. p. 44.

R. Spinosissima. Gouan, *Fl. Monsp.* 257. Lois. *Fl. Gall.* 294, n° 6, var. β.

An R. Parvifolia? Pall. *Fl. Ross.* 62.

LE ROSIER A MILLE ÉPINES.

DESCRIPTION.

C'est M. De Candolle qui, le premier a publié le Rosier dont nous donnons la figure. C'est pourquoi nous avons cru devoir nous contenter de reproduire ici le texte de la description qu'en a donnée le savant professeur dans sa Flore française. Seulement, nous y ajouterons quelques observations.

« Ce Rosier, qui m'a été envoyé sous le nom de *Rosa spino-*
« *sissima,* convient en effet à la phrase spécifique de Linné,
« mais nullement à sa synonymie et aux descriptions des au-
« teurs subséquents; il diffère de l'espèce précédente (R. *pim-*
« *pinellifolia*) par ses aiguillons de moitié plus longs et plus
« nombreux, par ses branches roides, droites qui émettent
« latéralement des rameaux courts, feuillés et uniflores; par
« ses folioles de moitié plus petites; par ses pédicelles hérissés
« d'aiguillons et de poils glanduleux; par ses fleurs dont le
« diamètre ne dépasse pas deux centimètres; enfin, par les

« poils courts et glanduleux qui se trouvent sur les pétioles, « les dents des folioles, et sur-tout les lanières du calice. Il est « indigène du Dauphiné ou des environs de Lyon. » *Fl. Franç.*, éd. 3, vol. 4, n° 3698.

« Elle (l'espèce) croît, non aux environs de Lyon, mais « dans les lieux secs et pierreux de la route de Mireval, près « Montpellier : cultivée, depuis plusieurs années, dans un jar- « din, elle n'a pas changé d'aspect; c'est celle-ci qui a été con- « sidérée, par quelques auteurs, comme une variété voisine du « R. *spinosissima*, et elle en est en effet très-voisine; mais elle « n'a aucune espèce de rapport avec le R. *villosa*, auquel « M. LAPEYROUSE la rapporte. » *L. c.* vol. 6, p. 533.

OBSERVATIONS.

Indépendamment des remarques de M. DE CANDOLLE, ce Rosier diffère encore de celui *à feuilles de pimprenelle* par ses folioles bidentées, glanduleuses en-dessous et en leur bordure, ainsi que l'a remarqué l'auteur du Nouveau DUHAMEL, vol. 7, p. 31.

Cet arbrisseau, que nous avons cultivé long-temps, et que M. DE CANDOLLE a observé lui-même dans notre collection, a péri dans l'hiver de 1819, parce qu'on a négligé de le couvrir.

M. DESVAUX, *l. c.* indique, sous le nom de R. *myriacantha magna* β, une variété à feuilles plus grandes, à calices glabres, à aiguillons peu nombreux. Mais si, en effet, les aiguillons sont rares dans cet individu, le nom de *myriacantha* ne lui conviendrait plus.

Rosa Myriacantha. Rosier à Mille Epines.

P. J. Redouté pinx. Imprimerie de Rémond Chapuy sculp.

ROSA DAMASCENA CELSIANA,

(Var. prolifera.)

R. *rubra prolifera?* Lin. *Philosophia Bot. ed.* 3, p. 85.

LE ROSIER DE CELS,

(Var. à fleurs prolifères.)

DESCRIPTION.

Un Rosier de Cels, venu de graine dans un lieu destiné à l'entassement de terreau et d'autres engrais, a donné, la quatrième année, des Roses très-pleines, lesquelles sont devenues prolifères frondeuses : quoique ces jeux de la nature ne puissent véritablement pas constituer des variétés, puisqu'on les voit naître et disparaître, même après que l'on a employé le procédé de la greffe pour tâcher de les perpétuer, cependant nous avons cru faire plaisir à nos lecteurs en leur présentant, une fois, dans le cours de notre ouvrage, l'image de ce phénomène, qu'ils pourront rencontrer encore sur d'autres espèces, notamment dans le groupe des R. *Gallicæ.*

L'arbrisseau, sur lequel nous avons pris notre modèle, s'élève à la hauteur de trois pieds, ou environ. Ses branches armées d'aiguillons courts et inégaux, les folioles, le pétiole, les stipules et autres organes sont les mêmes que ceux du Rosier de Cels, que nous avons décrit dans le tome 2 de cet ouvrage, page 53; il n'en diffère que par ses fleurs prolifères. La première est portée par un pédoncule très-long, et qui n'est autre chose que la tige continuée : la seconde est supportée par un pédoncule plus court, qui part du centre de la première fleur. Au sommet de ces pédoncules et près des tubes du calice, un peu au-dessus des bractées, on remarque quelques folioles avortées qui affectent diverses formes. On doit sentir que, dans cet écart de la nature, les organes sexuels ont entièrement disparu, ou que, du moins, ils ont été tellement déformés qu'ils sont presque méconnaissables. La corolle se ressent de ce désordre général : cependant elle est presque aussi odorante que celle du R. *Damascena* CELSIANA.

Observations sur les Roses prolifères.

Suivant les Botanistes, la prolifération dans les fleurs du Rosier est un phénomène occasioné par une culture trop assidue, ou par une surabondance d'engrais, ou bien par la qualité du sol; mais il est aujourd'hui reconnu que des Rosiers produisent de telles fleurs indépendamment de ces circonstances, et que les Roses, comme les autres plantes, deviennent prolifères par la plénitude élevée au plus haut degré, dans quelque terrain qu'elles soient cultivées. On remarque, en effet, assez souvent, la prolifération dans celles des Roses de nos jardins qui deviennent ordinairement très-pleines, telles que les *agathes*, les *Roses de Provins*, etc. : elle est plus rare sur la *Rose à cent-feuilles* et les autres espèces.

LINNÉ, qui avait une grande aversion pour les fleurs luxuriantes, vraisemblablement parce qu'elles contrariaient son systéme, disait que ces fleurs étaient des monstres, et que les prolifères ne faisaient qu'ajouter à la difformité des monstrueuses. *Proliferi monstrosorum agent deformationem. Phil. Bot. ut supra*, p. 98.

Les Roses prolifères sont, en général, portées par des pédoncules nus; mais, parfois, et telle est la Rose dont nous donnons la figure, ces pédoncules sont accompagnés de feuilles; on les appelle alors *prolifères frondeuses*, ou à feuilles. Cette singularité, qui distingue cette plante de la prolifère qui n'a que des fleurs, était autrefois assez rare. LINNÉ, à l'époque où il écrivait, ne l'avait encore observée que dans le Rosier, l'anémone, et un petit nombre d'autres individus. Mais aujourd'hui, que les efforts des jardiniers tendent, spécialement, à obtenir des fleurs multiples, ce phénomène est bien plus commun, sur-tout dans le Rosier. Nous avons vu, l'an passé, sur un Provins, jusqu'à quatre Roses qui paraissaient comme enfilées les unes au-dessus des autres. La Rose qui a été présentée, en 1819, à S. A. R. madame la duchesse de BERRY, et à laquelle on a donné le nom de cette princesse, n'est qu'une prolifère qu'on ne reverra peut-être jamais.

Rosa Damascena Celsiana prolifera. Rosier de Cels à fleurs prolifères.

P. J. Redouté pinx. Imprimerie de Remond Langlois sculp.

ROSA ALPINA

debilis.

R. *germinibus ovatis pedunculisque hispidis; foliolis glabris, parvulis, duplicato-serratis; floribus subgeminatis; caule inermi, debili, subprostrato.* (N.)

R. *Alpina debilis.* Thy. Prod. p. 61, var. 6.

Voyez cet ouvrage, tome 2, p. 56.

LE ROSIER DES ALPES

à tiges faibles.

DESCRIPTION.

C'est un arbrisseau à tiges glabres, rougeâtres, déliées, faibles, entièrement dépourvues d'aiguillons. Ses feuilles se composent de sept, rarement de neuf folioles, plus petites que celles des variétés connues de ce Rosier, ovales, vertes sur les deux faces, doublement dentées. Elles sont portées par des pétioles légèrement hispides, ayant à leur base des stipules larges, dilatées, denticulées en leur bord, bifides au sommet. Les fleurs sont solitaires ou disposées par deux ou trois à l'extrémité des ramuscules qui croissent le long des branches principales. Elles sont supportées par des pédoncules un peu hispides, droits, munis de bractées à leur base. Le tube du calice, également hispide, est ovoïde. Les divisions du limbe, entières, linéaires, sont, parfois, spatulées au sommet. Corolle de cinq pétales, grands, d'un rouge-vif, un peu blancs à leur base, échancrés en cœur au sommet. Styles pubescents.

OBSERVATIONS.

On ne doit considérer cette variété que comme une dégénération du R. *Alpina vulgaris*, dont elle ne diffère que par ses tiges débiles, élancées et presque couchées; par ses folioles plus petites, et ses pétales plus grands. Nous l'avons remarquée, il y a quelques années, dans l'un des bosquets du beau jardin de M. Villemorin, où elle a été vraisemblablement produite par la graine d'une variété du *Rosier des Alpes,* que le hasard y a portée. C'est un nouvel exemple du don que ce Rosier paraît avoir reçu de se reproduire sous tant de formes différentes.

Rosa Alpina debilis. Rosier des Alpes à tiges foibles.

P. J. Redouté pinx. Imprimerie de Remond Bessin sculp.

ROSA ALBA FOLIACEA.

R. *germinibus ovatis, glabris; pedunculis hispidis; caule petiolisque aculeatis; laciniis calycinis longe foliaceis. Cyma subtrifida.* (N.)

LA BLANCHE FOLIACÉE DE FLEURY.

DESCRIPTION.

Arbrisseau rameux qui s'élève à trois pieds, ou à-peu-près, et dont les branches sont presque toujours dépourvues d'aiguillons. Les feuilles se composent de cinq folioles, un peu arrondies, d'un vert pâle et glabres en-dessus, plus pâles et tomenteuses en-dessous, irrégulièrement dentées en scie: elles sont supportées par un pétiole armé de petits aiguillons jaunâtres et recourbés, ayant à sa base des stipules bifides, denticulées et glanduleuses en leur bord. Les fleurs, portées par de longs pédoncules munis de petits poils roides au toucher, sont, presque toujours, disposées par trois à l'extrémité des rameaux. La corolle, de plus de trois pouces de diamètre, se compose de cinq à six rangs de pétales d'un blanc mat, échancrés en cœur au sommet: ceux du centre, roulés et chiffonnés, se renversent sur les étamines et les styles. Le tube du calice est ovoïde et glabre. Les divisions du limbe sont très-longues, et surpassent, de beaucoup, les fleurs avant l'anthèse. Deux d'entre elles sont simples et pointues au sommet; et les trois autres sont élégamment foliacées. Toutes se défléchissent au moment de l'épanouissement, et persistent assez long-temps.

Il est bon de remarquer que ces divisions foliacées n'altèrent. dans cette variété, ni la forme ni le volume des tubes, comme cela se voit ordinairement dans la Cent-feuille foliacée ou autres espèces qui présentent ce phénomène. Fruit elliptique. et rouge à la maturité.

OBSERVATIONS.

Ce Rosier, dont les fleurs répandent une odeur douce et agréable, est venu de semence dans un jardin de Fleury sous Meudon, où nous l'avons observé l'été dernier. On le trouve, aujourd'hui, chez quelques amateurs qui l'ont multiplié par la greffe. La blancheur éclatante de ses fleurs, leur volume, et les longues divisions foliacées qui les couronnent constamment, séparent très-bien cette variété de toutes celles qui concourent à former le groupe des Rosiers blancs, et la feront, sans doute, rechercher quand elle sera mieux connue. Le Rosier fleurit au premier printemps : il exige une exposition abritée.

Rosa alba foliacea. — *La Blanche foliacée de fleury.*

P. J. Redouté pinx. — Imprimerie de Rémond — Victor sculp.

ROSA EGLANTERIA LUTEOLA.

R. *germinibus subglobosis pedunculisque glabris; foliolis subrotundis; caule aculeis confertis, rectis.* (N.)

R. *Eglanteria luteola.* Thy. Prod. groupe XVIII, *spec.* 33, p. 100, var. β.

L'ÉGLANTIER SERIN.

DESCRIPTION.

Arbrisseau très-rameux, semblable à l'églantier jaune dont nous avons donné la figure, mais plus petit dans toutes ses parties, et à tiges couvertes d'un grand nombre d'aiguillons de différente grandeur. Il s'élève à trois pieds ou environ. Ses feuilles se composent de sept, neuf, et parfois de onze folioles d'un vert un peu obscur, petites, presque rondes, glabres sur les deux faces, serraturées et glanduleuses en leur bord. Elles sont portées par un pétiole glabre, muni de quelques petits aiguillons jaunâtres, garni à sa base de deux stipules élargies au sommet, à bords glanduleux. Les fleurs naissent, ou solitaires, ou réunies par deux à l'extrémité des ramuscules qui croissent le long des branches principales. Le tube du calice offre une forme globuleuse un peu déprimée; il est glabre ainsi que le long pédoncule qui le supporte. Les divisions du limbe, quelquefois entières, quelquefois pinnatifides, sont cotonneuses à l'intérieur, et couvertes, extérieurement, d'un grand nombre de glandes sessiles. Corolle de cinq pétales assez petits, d'un jaune serin. échancrés en cœur au sommet. La fleur donne une odeur désagréable, mais moins fétide que celle que répand le *Rosa eglanteria punicea.*

Enumération des variétés connues du R. EGLANTERIA, *extraite du Prodrome de la monographie des espèces et variétés du genre Rosier*, p. 99.

R. *germinibus depresso-globosis, pedunculisque glabris, caule aculeis sparsis, rectis, petiolis scabris, foliolis acutis.* L. *spec. plant.* 703.

α. R. *eglanteria lutea.* Du Roi, *Harb.* 2, p. 347.
R. *lutea.* Ait., Kew. 2, p. 200. Willd. *Arb.* 303. Id., *spec.* 1064. Miller, Dict., n° 11. Du R. *l. c.* p. 344. Poir., Ency. 6, p. 289, n° 20. Curt., Bot. Mag. tab. 363. Nouv. Duham. *l. c.* tab. 14, fig. 1.
R. *eglanteria.* Scholl., *Barb.*, n° 399. Moench., *Hass.*, n° 418. Leyss., *Hall.*, n° 489, etc. Red. Roses 1, p. et fig. 69.
R. *lutea simplex.* C. Bauh., *Pin.* 483. Besl., *Eyst.* tab. 5, fig. 1.
R. *fœtida.* All., *Ped.*, n° 1792. *Non* Bast. *Non* DC.
R. *cerea.* Roess. tab. 2. *L'Églantier jaune.*
β. R. *eglanteria luteola.* Thy. *l. c.* *L'Églantier serin.* Arbrisseau moins grand que le précédent dans toutes ses parties.
γ. R. *eglanteria punicea.* Du R. *l. c.* Corn. *Canad.* 11. Roess. tab. 5. Red. Roses 1, p. et fig. 71.
R. *lutea* β. Ait. *l. c.* — var. β. Willd. *l. c.* — β. Poiret, *l. c.* — β. DC. *Catal. Monspel*, p. 55.
R. *eglanteria* β. DC. Fl. Franç. édit. 3, 3694. — var. β. Nouv. Duham. *l. c.* p. 45. *L'Églantier ponceau; la Rose capucine; la Rose d'Autriche.*

La *Rose tulipe* de Du Pont (R. *eglanteria tulipa, Gymn. Ros.* p. 15) est une sous-variété de ce Rosier.

Ces arbrisseaux croissent en France, en Angleterre, en Allemagne, en Italie, et en Espagne.

Rosa Eglanteria Luteola. *L'Eglantier Serin.*

P. J. Redouté pinx. Imprimerie de Rémond. Langlois sculp.

ROSA LHERITIERANEA.

R. *germinibus ovatis, glabris; pedunculis hispidis; foliolis ovalibus, subrigidis, utrinque glaberrimis, supra nitidis, simpliciter serratis; petiolis glabris; caule infra aculeato. Hybrida, verisimiliter,* R. *Alpinæ, et* R. *Indicæ.* (N.)

ROSIER LHÉRITIER.

DESCRIPTION.

Arbrisseau ordinairement chargé d'un très-grand nombre de fleurs, et dont les branches, fixées à un soutien, sont susceptibles de s'élever à une grande hauteur. Les rameaux adultes sont glabres et armés de quelques aiguillons épars, assez forts et recourbés; ceux destinés à porter les fleurs en sont entièrement dépourvus. Les feuilles se composent de cinq, souvent de sept folioles, grandes, pointues au sommet, arrondies à la base, glabres sur les deux faces, luisantes en-dessus, également dentées en scie. Elles sont portées par un pétiole glabre, ayant à sa base des stipules larges, décurrentes, denticulées en leur bord, chaque petite dent surmontée d'une glande sessile et rougeâtre. Les fleurs naissent, plusieurs ensemble, à l'extrémité des rameaux qui naissent le long des branches principales. Les pédoncules qui les supportent sont couverts de poils glanduleux : les bractées qui accompagnent les fleurs sont ovales-pointues, et un peu glanduleuses au sommet. La corolle présente quatre à cinq rangs de pétales qui se réfléchissent et se recourbent sur les étamines à-peu-près comme dans la Rose

Cent-feuilles-anémone, ou dans le Rosier rouillé à fleurs d'anémone : ils sont d'un rose tirant sur le violet, blancs vers l'onglet, et, pour la plupart, traversés dans leur intérieur par une ligne blanchâtre plus ou moins régulière. Les divisions du limbe sont pointues au sommet, cotonneuses intérieurement, et glanduleuses à l'extérieur. Etamines nombreuses et inégales; styles courts et distincts. Le fruit est ovoïde, et rouge à la maturité.

OBSERVATIONS.

Ce beau Rosier est évidemment un hybride issu d'un *Alpina* et d'un *Indica*. M. Villemorin l'a obtenu des semences de ce dernier, il y a environ douze ans. La beauté de ses fleurs, comme l'élégance de son port, l'a fait rechercher des amateurs chez lesquels on le trouve assez communément; nous ignorons s'il se reproduit sous les mêmes formes. Jusqu'à-présent nous ne l'avons vu greffer que sur le *Rubrifolia*, qui paraît très-bien lui convenir. Il serait propre à couvrir des berceaux et des tonnelles.

Nous avons donné à cet arbrisseau le nom de LHÉRITIER (*Charles-Louis*), magistrat distingué et savant Botaniste, né à Paris en 1746, mort assassiné pendant les troubles de la révolution française, le 16 avril 1800. Le peintre de cet ouvrage, en consacrant ce modeste monument à la mémoire de LHÉRITIER, a voulu lui donner un témoignage public de sa reconnaissance, pour la protection particulière dont l'a favorisé cet illustre académicien qui, en lui confiant les dessins des plantes de son *Sertum Anglicum* et de la plus grande partie de ses autres ouvrages, a dirigé ses pas dans une carrière alors nouvelle, l'a mis à même de perfectionner son talent, et d'obtenir les suffrages dont le public daigne l'honorer aujourd'hui.

Rosa l'heritierana. *Rosier l'Héritier.*

P. J. Redouté pinx. Imprimerie de Rémond Victor sculp.

ROSA PIMPINELLIFOLIA INERMIS.

R. *germinibus subglobosis pedunculisque glabris; foliolis utrinque glabris, basi integerrimis, simpliciter dentatis; floribus solitariis; caule inermi.* (N.)

R. *Pimpinellifolia inermis.* D. C. Fl. franç. édit. 3, n° 3697, var. γ. Desv. Journ. Bot. septembre 1813, p. 119, var. β. Thy. Prod. groupe V, p. 41, var. ε.

R. *Pimpinellifolia ramis inermibus.* Nouv. Duham. vol. 7, p. 20, var. γ.

La Pimprenelle sans épines. *Hortul.*

LE ROSIER A FEUILLES DE PIMPRENELLE,

(*Variété à tiges sans épines.*)

DESCRIPTION.

Rosier qui s'élève à trois pieds, et dont la tige est dépourvue d'aiguillons. Toutefois, les branches, dans leur extrême jeunesse, en présentent quelques petits; mais ils disparaissent à mesure qu'elles se développent, et l'arbrisseau en est entièrement privé au moment de la floraison. Les feuilles sont composées de sept, neuf, souvent de onze folioles ovales arrondies, simplement dentées, glabres sur les deux faces; elles sont portées par un pétiole également glabre, ayant à sa base deux stipules bifides pointues au sommet. Les fleurs naissent solitaires à l'extrémité des ramuscules qui croissent le long des branches principales. Le tube du calice, le pédoncule qui les supporte, et les divisions du limbe, sont glabres; ces divisions sont étroites, égales et entières. Corolle de cinq pétales, assez grands, et dont la couleur varie du rouge clair au rouge plus foncé. Les étamines sont courtes, et les stigmates se réunissent en une tête convexe au centre de la fleur. Fruit pareil à celui des autres variétés de l'espèce.

OBSERVATIONS.

Ce Rosier a été communiqué à M. De Candolle par M. Nestler, qui l'a trouvé sauvage sur la roche Neunerstein, au champ de feu, dans les Vosges. Il n'est pas rare d'en trouver quelques pieds dans le produit des semences faites des graines du pimprenelle épineux, *et vice versâ;* c'est un fait que nous avons eu l'occasion d'observer dans nos semis, comme dans ceux de M. Noisette. Au surplus c'est une singularité que les amateurs recherchent, et qu'on rencontre dans beaucoup de jardins. L'arbrisseau n'exige aucune culture, mais il demande l'exposition au grand soleil.

Rosa Pimpinelli-folia inermis. *Rosier Pimprenelle à tiges sans épines.*

P. J. Redouté pinx. Imprimerie de Rémond Langlois sculp.

ROSA RUBIGINOSA

(*anemone-flora.*)

R. *germinibus ovatis subglabris; pedunculis glanduloso-hispidis; foliolis subrotundis supra subpubescentibus, subtus glandulosis villosulisque; caule petiolisque aculeatis; floribus* 2 – 5 *corymbosis; petalis incarnatis, involutis.* (N.)

R. *Rubiginosa anemone-flora.* Thy. Prod. groupe XX, *spec.* 40, var. ζ.

LE ROSIER ROUILLÉ,

(*à fleurs d'anémone.*)

DESCRIPTION.

Cet arbrisseau s'élève en buisson à la hauteur de deux ou trois pieds. Les tiges et les rameaux adultes sont garnis d'aiguillons inégaux stipulaires, écartés : ceux des ramuscules de l'année sont en grand nombre, très-rapprochés entre eux. Les feuilles se composent de cinq ou de sept folioles, un peu arrondies, vertes, presque glabres en-dessus, glanduleuses en-dessous et sur leur bordure, doublement dentées, d'une odeur vineuse. Le pétiole qui les supporte, velu, glanduleux, un peu aiguillonné, est muni à sa base de stipules bifides denticulées en leur bord. Les fleurs naissent trois, quatre, et quelquefois plus, à l'extrémité des rameaux, où elles se réunissent en une espèce de corymbe: elles sont portées par des pédoncules hispides-glanduleux. Les tubes des calices sont ovoïdes et presque glabres. Les divisions du limbe, longues et appendiculées, sont tomenteuses à l'intérieur, et couvertes, extérieurement, d'une multitude de glandes sessiles : elles se détachent avant la maturité du fruit. La corolle présente à-peu-près quatre rangs de pétales, échancrés en cœur au sommet, d'une couleur pourpre tirant un peu sur le violet, les intérieurs plus courts, concaves, se renversant sur les étamines, comme dans la Rose Cent-feuilles-anémone. Le fruit est hispide et rouge à la maturité; les fraîcheurs de l'automne lui communiquent une teinte noirâtre.

OBSERVATIONS.

Ce Rosier n'est qu'une modification du R. *Rubiginosa triflora* de Willd. Il a encore beaucoup de rapport avec le *Rubiginosa* β de l'*Enumeratio Rosarum,* de Rau. Il n'en diffère que dans ses proportions qui sont un peu plus grandes, et ses fleurs semi-doubles dont les pétales sont réfléchis comme dans l'anémone. Nous l'avons observé, pour la première fois, en 1819, greffé dans le jardin de M. Catel; depuis nous l'avons revu franc, dans d'autres collections. L'arbrisseau fournit de très-belles têtes; nous conseillons de le greffer sur le *Rubiginosa vulgaris* de nos forêts; alors, ainsi que l'expérience nous l'a appris, la Rose prendra plus de volume, et une teinte plus foncée. Ne point tailler : se contenter d'ôter le bois mort.

Rosa Rubiginosa anemone-flora. *Rosier Rouillé à fleurs d'anémone.*

P.J. Redouté pinx. Imprimerie de Rémond Langlois sculp.

ROSA BISERRATA.

R. *germinibus globosis pedunculisque glabris; foliolis glabris glanduloso-serratis; laciniis calycinis subintegris; caule aculeis sparsis.* Thy. Prod. groupe XVIII, p. 101.

R. *Biserrata.* Mérat, Fl. de Paris, p. 190. Red. Roses, vol. 2, p. 34, *spec.* 3.

R. *Sepium* γ. Desv. Journ. Bot. 1813, p. 117.

LE ROSIER DES MONTAGNES,

(*à folioles bidentées.*)

DESCRIPTION.

C'est M. le docteur Mérat qui a découvert ce Rosier sur le mont Valérien, près Paris. Ce botaniste en a donné la description dans sa Flore: nous nous contenterons de la reproduire ici.

« R. *Biserrata.* Tige de trois à quatre pieds, munie d'aiguillons courbes, à base plus longue qu'ils ne sont hauts; folioles ovales, assez grandes, doublement dentées en scie, chaque dent terminée par une glande; pétiole glabre, ainsi que les folioles, peu ou point aiguillonné, un peu glanduleux; stipules très-glanduleuses; pédoncule et fruit glabres, celui-ci (presque) globuleux; divisions du calice presque simples, très-glanduleuses; fruits gros; fleurs solitaires d'un rose pâle. Juin. Se trouve le long des murs du *Calvaire.* »

OBSERVATIONS.

Le Rosier de M. Mérat a de grands rapports avec le R. *Montana* de Villars (Dauph. 3, p. 547), le R. *trachyphylla* de Rau (En. p. 124), et le R. *adenophylla*[1] de Willedenow, (Hort. Berol. 546), desquels il ne diffère que par ses tubes presque globuleux et ses pédoncules glabres. Le R. *Malmundariensis* de Le Jeune ne s'en éloigne que par ses fruits plus petits et de forme ellipsoïde. Au reste, tous ces Rosiers paraissent dériver du R. *Montana* et présentent comme lui des folioles glabres sur les deux faces, dentées en scie, chaque dent surmontée d'une glande, et des fleurs presque solitaires.

Nous ignorons par quel motif M. Desvaux a classé le *Rosa biserrata* parmi les Rosiers des haies : ces derniers arbrisseaux offrent des folioles glabres en-dessus, et couvertes de glandes en-dessous comme sur la bordure, enfin d'autres caractères qui ne permettent pas de confondre le R. *sepium* avec le R. *biserrata*.

En considérant le volume du fruit de notre Rosier, ainsi que son lieu natal, on est autorisé à croire que le peuple de Paris, qui, avant le règne de Henri III, se rendait en procession, à certains temps de l'année, soit au Calvaire, soit aux différentes chapelles qui existaient dans les bois environnant cette ville, en rapportait le fruit de ce Rosier, ainsi que les fruits d'autres églantiers qu'on criait autrefois dans les rues de Paris avec des cormilles, des alises, des prunelles des haies, et autres fruits acides, dont on peut voir l'énumération dans une pièce de vers, par Guillaume De La Ville-Neuve, intitulée les *Crieries de Paris*.

(1) *A feuilles glanduleuses*, des mots grecs *aden*, *adenos*, glande, et *phylla*, feuille; et non pas *à feuilles douces*, ainsi que l'a traduit l'auteur de la Monographie du Rosier, dans l'Encyclopédie méthodique, Suppl. au vol. IV, 2e partie, p. 716, var. 51.

Rosa Biserrata.   Rosier des Montagnes à folioles bidentées

P. J. Redouté pinx.   Imprimerie de Rémond   Chapuy sculp.

ROSA GALLICA AURELIANENSIS.

R. *germinibus pyriformibus, pedunculisque glanduloso-hispidis; petiolis glandulosis, aculeatis; caule superne aculeatissimo; cyma trifida.* (N.)

LA DUCHESSE D'ORLÉANS.

DESCRIPTION.

Cet arbrisseau, l'un des plus beaux du groupe des Rosiers de France, s'élève en buisson à la hauteur de trois ou quatre pieds. La partie supérieure des branches est garnie d'un grand nombre de petits aiguillons rougeâtres, inégaux, entremêlés de glandes : leur partie inférieure n'en présente qu'un très-petit nombre qui se détachent promptement. Les feuilles se composent de trois, de cinq, parfois de sept folioles, grandes, fermes au toucher, glabres en-dessus, velues en-dessous, arrondies à la base, pointues au sommet, irrégulièrement dentées, à dentelure ciliée, et non glanduleuse : elles sont portées par un pétiole muni d'un duvet très-court, et de quelques aiguillons. A sa base sont deux stipules bifides et pointues au sommet. Les fleurs, légèrement odorantes, sont, le plus ordinairement, disposées par trois à l'extrémité des rameaux. Le tube piriforme du calice, et le pédoncule qui le supporte, sont hispides-glanduleux. Les divisions calicinales sont cotonneuses à l'intérieur, et munies, extérieurement, de petits poils pareils à ceux qui recouvrent les tubes. Corolle de cinq à six rangs de pétales d'un beau rose un peu foncé. Les fruits sont rouges à la maturité.

OBSERVATIONS.

Cette belle variété se distingue de toutes celles du même groupe par l'élégance de son port, comme par le volume et la beauté de ses fleurs qui se développent tard, et brillent encore long-temps dans les parterres quand toutes les Roses sont défleuries. L'arbrisseau n'exige aucune culture; mais il demande l'exposition du midi et quelques arrosements. Il est rare dans les collections; cependant les curieux pourront en voir de très-beaux pieds, greffés, dans le jardin fleuriste du Roi, à Sèvres.

Dédié

Respectueusement

A Son Altesse Royale

Madame la Duchesse d'Orléans,

Par P. J. Redouté.

XXX Septembre MDCCCXXI.

Rosa Gallica Aurelianensis — *La Duchesse d'Orléans.*

P. J. Redouté pinx. Imprimerie de Rémond [illegible] sculp.

tube du calice, de forme ovoïde allongée, est glabre, ainsi que le pédoncule qui le supporte. Les divisions du limbe, deux simples et trois pinnatifides, dépassent de beaucoup la fleur avant son épanouissement. Corolle de cinq pétales, échancrés en cœur au sommet, d'un joli rose-tendre, qui blanchit promptement à l'exposition du soleil. Le fruit, de figure elliptique, est rouge à la maturité. Les styles sont soudés, et réunis en une petite colonne allongée, comme on le voit dans le R. *Arvensis*.

Observations particulières à ce Rosier.

Nous avons trouvé, en 1815, l'arbrisseau qui nous occupe, dans la haie de clôture d'une propriété derrière les murs de Longjumeau. Depuis, nous l'avons encore vu dans le parc de Meudon sur la bordure du bois au-dessus de l'étang de Villebon, près de la Faisanderie. Cette variété nous a paru remarquable par ses fleurs roses, le Rosier ayant été, jusqu'à-présent, présenté par tous les auteurs comme muni de fleurs blanches. Notre arbrisseau diffère du R. *Arvensis* par ses tiges érigées, et non stolomifères comme celles de ce dernier ; plus et par ses divisions calycinales allongées et pinnatifides, lorsque celles du R. *Arvensis* sont courtes, et presque simples.

Le R. *Stylosa*, de M. Desvaux, décrit dans l'Encyclopédie, supp. au vol. 4, 2e partie, page 710, ne diffère du nôtre que par ses pétioles pubescents, sans aiguillons, et ses pédoncules presque solitaires.

Le R. *Stylosa* de M. De Candolle ne s'en éloigne que par ses folioles pubescentes sur les deux faces, et ses fleurs solitaires, ou en corymbe peu fourni. (Fl. Franç. Supp. au vol. 6, nº 3713.) Ces deux Rosiers, d'ailleurs, présentent des fleurs blanches, tandis que celles de notre variété sont d'un rose-tendre, et c'est encore la seule dissemblance qui existe entre elle et le *Rosa Stylosa*, de M. Loiseleur.

Quoi qu'il en soit, et malgré ces différences, peu importantes en elles-mêmes, nous pensons que tous ces Rosiers se rapportent à un seul individu dont les formes, comme la couleur des pétales, se sont modifiées en raison de la température, de l'exposition et d'autres circonstances atmosphériques.

ROSA STYLOSA.

R. *stylis in columnam glabram coalitis; fructibus ovato-oblongis, glabris; pedicellis solitariis, pilos raros glandulosos gerentibus; petiolis foliisque pubescentibus.* D. C. *Cat. hort. Monsp.* p. 138. Desv. Journ. Bot. vol. 2, p. 317. Id. sept. 1813, p. 113. Tab. 14. Thy. *Prod. spec.* 135, p. 54.

R. *germinibus ovatis pedunculisque glabris; calycinis laciniis pinnatifidis, foliolis ovatis, acutis, subtus pubescentibus, stylis connatis elongatis glabris.* Lois. not. p. 80.

La Rose des Champs, à long style. *Hort.*

LE ROSIER DES CHAMPS,

(*à tiges érigées.*)

DESCRIPTION.

Arbrisseau qui s'élève en buisson à la hauteur de quatre à cinq pieds. Ses rameaux tortueux et grisâtres sont armés d'aiguillons crochus, dilatés à leur base. Les feuilles se composent de cinq ou de sept folioles, celle impaire parfaitement ovale, et les autres ovales-pointues à la base et au sommet, dentées en scie, glabres et luisantes en-dessus, plus pâles et un peu pubescentes en-dessous. Elles sont portées par un pétiole légèrement tomenteux, muni de plusieurs aiguillons, ayant à sa base deux stipules assez petites, bifides au sommet, garnies, en leur bord, de glandes qui ne sont visibles qu'à la loupe. Les fleurs, latérales et terminales, sont disposées, plusieurs ensemble, à l'extrémité des rameaux. Le

Rosa Stylosa. *Rosier des Champs à tiges crépues.*

P. J. Redouté pinx. Imprimerie de Rémond Chapuy sculp.

périeure. Deux des divisions du limbe sont simples, et trois pinnatifides; ces organes sont glanduleux à l'extérieur, et velus intérieurement. Corolle de sept à huit rangs de pétales pareils à ceux de la Cent-feuilles ordinaire, mais d'un moindre diamètre. Le fruit est semblable à celui de cette dernière rose.

OBSERVATIONS.

Ce petit Rosier trace beaucoup; il pourrait en peu d'années couvrir des massifs d'une moyenne étendue; c'est pourquoi il faut avoir le soin de supprimer les dragcons chaque année, à l'automne, pour les porter ailleurs. Sa fleur ne diffère en rien de celle de notre grosse Cent-feuilles, et dans un bon terrain, souvent, les premières Roses sont aussi grandes.

Les jardiniers fleuristes, à Paris, le cultivent sous châssis, et c'est lui qui, l'un des premiers, paraît au printemps sur le Marché aux Fleurs.

Les semences des fruits du Rosier de Bordeaux ont produit plusieurs sous-variétés très-belles, qu'on pourra se procurer chez nos pépiniéristes. En voici la nomenclature.

Sous-variétés connues du Rosier de Bordeaux.

1. R. de Bordeaux blanc (presque).
2. — foliacé.
3. — Kinston (de).
4. — mousseux.
5. — précoce.
6. — princes (des).
7. — rose-foncé.

ROSA CENTIFOLIA MINOR.

R. *germinibus ovatis pedunculisque hispidis; foliolis ovatis, subtus margineque pubescentibus; caule hispido aculeato.* (N.)

R. *centifolia minor.* Bot. Cultiv. ed. 2, var. 5. DELAUN. Bon Jard. année 1813. ROESS. Roses, fig. n° 20. BOSC, Dict. vol. 11, p. 253, n° 6.

Le gros pompon de Bourgogne; le Rosier de Bordeaux; le pompon à grandes fleurs; le Rosier à cent-feuilles nain; *Hort*

LE ROSIER DE BORDEAUX.

DESCRIPTION.

Petit arbrisseau qui s'élève en buisson à un pied et demi, ou environ. Ses rameaux, surtout dans leur partie supérieure, sont armés d'aiguillons, inégaux, aigus, un peu recourbés, peu dilatés à leur base, entre-mêlés de glandes pédicellées. Les folioles, au nombre de cinq ou de sept, sont moyennes, presque rondes, d'un vert-gai en-dessus, plus pâles et tomenteuses en-dessous, crennelées et munies en leur bord de petits poils entremêlés de glandes. Le pétiole qui les supporte, velu et dépourvu d'aiguillons, est garni, à sa base, de stipules décurrentes, bifides et pointues au sommet, glanduleuses en leur bord. Les fleurs sont disposées par quatre ou six à l'extrémité des rameaux : elles sont portées par un pédoncule commun et des pédicelles, tous recouverts d'un grand nombre de poils glanduleux qui s'étendent jusqu'au tiers du tube du calice, lequel est, presque toujours, glabre dans sa partie su-

Rosa Centifolia Burgundiaca. La Cent-feuilles de Bordeaux.

P. J. Redouté pinx. Imprimerie de Rémond. Langlois sculp.

entremêlés de glandes. Les feuilles, penchées d'une manière assez remarquable, se composent de cinq, parfois de sept folioles de forme ellipsoïde, vertes et glabres en-dessus, plus pâles en-dessous, finement et doublement dentées. Le pétiole qui les supporte est muni de poils glanduleux entremêlés de petits aiguillons droits. Les fleurs, latérales et terminales, d'un petit diamètre, sont, le plus souvent solitaires, rarement réunies par deux. Corolle de huit à dix rangs de pétales, d'un pourpre violet-foncé, plus pâles vers l'onglet, rapprochés à-peu-près comme ceux d'une renoncule. Les divisions du limbe sont pinnatifides, courtes, et dépassent à peine la fleur avant l'anthèse. Fruits pyriformes, rouges ou de couleur d'orange foncée: ils persistent une grande partie de l'hiver.

OBSERVATIONS.

Nous avons trouvé, l'été dernier, cette jolie variation du R. *Gallica* dans la riche collection de M. Le Dru. Les amateurs pourront se la procurer dans la pépinière de M. Vibert, à Chennevières-sur-Marne. Il nous a semblé qu'elle avait quelques rapports avec une Rose obtenue autrefois de semence par M. Descemet, qui nous l'a communiquée sous le nom de Rose *Petite violette*. Mais celle-ci est un peu plus grande. L'arbrisseau se plaît à l'ombre, et n'exige que la culture ordinaire. M. Le Dru le taille très-court.

ROSA GALLICA AGATHA,

(*Var. parvula violacea.*)

R. *germinibus ovatis glabris; petiolis pedunculisque aculeatis; caule superne aculeato, aculeis inequalibus, sparsis; floribus parvulis subsolitariis.* (N.)

R. (*Pumila*) *germinibus pyriformibus, pedunculis petiolisque glanduloso-hispidis; foliolis quinis, rigidis, supra nitidis: serraturis glandulosis.* Wahl. *Fl. Cauc.* p. 150, n° 491. (*Fl. simpl.*)

R. (*Austriaca*) *germinibus ovatis pedunculisque hispidis, caulibus subunifloris.* Poll. Fl. Pal. 2, p. 30, n° 484.

R. *sylvestris rubella parvo frutice.* J. Bauh. *Hist.* 2, p. 35.

R. *sylvestris pumila rubens.* C. Bauh. *Pin.* 483.

La Petite Renoncule violette. *Hort.*

LE ROSIER DE PROVINS-AGATHE,

(*Variété, petite renoncule violette.*)

DESCRIPTION.

C'est une variété du Rosier de Provins, ou de France, qui entre dans la série de celles qu'on nomme Rosiers Agathes, dont la fleur est très-double, à pétales serrés, roulés et chiffonnés au centre.

L'arbrisseau s'élève à peine à un pied et demi. Ses branches, diffuses, sont couvertes, dans leur partie supérieure, d'un grand nombre de poils spinuliformes. La partie inférieure des tiges est garnie d'un petit nombre d'aiguillons épars, inégaux,

Rosa Gallica agatha. (Varietas parva violacea.) *La petite Renoncule violette.*

P. J. Redouté pinx. Imprimerie de Rémond [illegible] sculp.

divisions calycinales surpassent la fleur avant l'anthèse : trois d'entre elles sont pinnatifides, et les deux autres sont simples. Corolle de quatre à cinq rangs de pétales, grands, d'un rose tendre, plus pâles vers l'onglet, échancrés en cœur au sommet. Le fruit, ovoïde-allongé, est rouge à la maturité.

OBSERVATIONS.

Ce Rosier se distingue particulièrement de ceux du groupe des R. *Damascenæ* par la grande dimension de ses fleurs, souvent d'un diamètre de plus de trois pouces, mais seulement sur les pieds cultivés en franc, car leur grandeur diminue sensiblement sur les pieds greffés. C'est Du Pont qui l'a reçu de Florence il y a vingt ans, et qui l'a répandu dans les jardins. La Rose est peu odorante ; mais ses formes ont tant de graces et d'élégance, que l'arbrisseau n'en est pas moins recherché. Quoique connu depuis long-temps, il est encore rare ; toutefois, on pourra le voir, greffé, dans la belle collection de M. Catel, auquel nous l'avons communiqué il y a quelques années. Le sujet franc est délicat ; il demande l'exposition du midi.

ROSA DAMASCENA ITALICA.

R. *germinibus turgidis; foliolis ovalibus subacutis, subtus villosulis; petiolis inermibus; floribus* 2 — 3 *subcorymbosis.* (N.)

R. *bifera vel Damascena Italica.* Du Pont, Choix des Roses, p. 4. Idem, Gym. Ros. *in* Thy. R. Candolleana, p. 16, *sp.* 19, *var.* 7.

R. *Damascena Italica.* Red. Roses, p. 110, var. θ. Thy. Prod. p. 83, var. θ.

LA QUATRE-SAISONS D'ITALIE.

DESCRIPTION.

Ce Rosier présente un buisson peu fourni, qui s'élève à deux pieds, ou environ. Ses rameaux sont armés d'une multitude de petits aiguillons courts, d'inégale longueur, et presque droits. Les feuilles se composent de cinq ou de sept folioles grandes, ovales, d'un vert gai, simplement dentées en scie, glabres en-dessus, plus pâles, et légèrement tomenteuses en-dessous et sur la bordure. Elles sont portées par un pétiole velu, muni de quelques petits aiguillons jaunâtres, ayant à sa base deux stipules assez larges, bifides et pointues au sommet, glanduleuses en leur bord. Les fleurs, terminales, sont disposées par trois à l'extrémité des rameaux. Chacun des deux pédicelles latéraux est accompagné de bractées allongées et aiguës. Le pédoncule du milieu, qui n'est que la tige continuée, en est dépourvu. Ces organes, ainsi que le tube du calice sont recouverts de petits poils spinuliformes et odorants. Les

Rosa Damascena Italica. La Quatre Saisons d'Italie.

P. J. Redouté pinx. Imprimerie de Rémond Victor sculp.

térieur. La corolle offre un grand nombre de pétales très-rapprochés entre eux, d'un beau rose un peu foncé, renversés les uns sur les autres sous la forme d'un pompon militaire, de sorte que l'on n'aperçoit jamais, dans les fleurs bien faites, les divisions du limbe qui se trouvent entièrement recouvertes. Le fruit est pyriforme et rouge à la maturité.

OBSERVATIONS.

Ce Rosier est remarquable par la beauté et en même temps par la singularité de ses fleurs : c'est Du Pont qui l'a communiqué aux amateurs vers l'année 1802. Selon lui, il était connu sous le règne de Louis XV, et les Hollandais l'avaient dédié au grand Dauphin, d'où vient le nom d'*Enfant de France* qui lui a été imposé alors, et qu'il a toujours conservé.

Cette variété du Provins-Agathe se trouve rarement franche; en général on ne la rencontre que greffée sur églantier dans les collections. Nous avons pris notre modèle dans le jardin fleuriste du Roi, à Sèvres, où les curieux pourront en voir de très-beaux pieds.

ROSA GALLICA AGATHA,

(*Var. Delphiniana.*)

R. *germinibus ovatis pedunculisque glanduloso-hispidulis; caule petiolisque aculeatis; foliolis ovalibus, supra glabris; subtus margineque pubescentibus; floribus subgeminatis.* (N.)

L'ENFANT DE FRANCE.

DESCRIPTION.

Arbrisseau qui s'élève en buisson à la hauteur de trois pieds, ou environ. Ses branches, surtout dans leur partie supérieure, sont garnies d'un grand nombre de petits aiguillons inégaux, presque droits, entremêlés de glandes pédicellées. Les feuilles se composent de cinq folioles d'un vert assez obscur, petites, eu égard à la dimension ordinaire des folioles des autres variétés de la même espèce, ovales-oblongues, arrondies à la base et pointues au sommet, glabres en-dessus, légèrement tomenteuses en-dessous et sur leur bordure. Elles sont supportées par un pétiole glanduleux, muni de quelques petits aiguillons très-courts, ayant à sa base des stipules décurrentes, pointues au sommet, et glanduleuses en leur bord. Les fleurs sont disposées par deux, rarement par trois, à l'extrémité des rameaux. Les tubes des calices sont couverts, ainsi que les pédoncules qui les portent, de poils spinuliformes surmontés, en grande partie, de petites glandes rougeâtres. Les divisions du limbe, trois pinnatifides et deux simples, sont glanduleuses à l'extérieur, et couvertes d'un duvet blanchâtre à l'in-

Rosa Gallica agatha (var. Delphiniana). L'Enfant de France

P. J. Redouté pinx. | Imprimerie de Rémond | Bessin sculp.

ROSA INDICA STELLIGERA.[1]

R. *germinibus oblongo-ovatis pedunculisque glabris; petiolis aculeatis; petalis bicoloribus, caule subinermi.* (N.)

LE BENGALE ÉTOILÉ.

DESCRIPTION.

Petit arbrisseau qui ne s'élève guère qu'à huit ou dix pouces. Il présente un buisson assez touffu, dont les branches sont, presque toujours, dépourvues d'aiguillons; parfois, cependant, on en trouve un ou deux à la base de ceux des rameaux principaux qui sont le plus rapprochés du sol. Les feuilles se composent de trois ou de cinq folioles arrondies à la base, et pointues au sommet, glabres et d'un vert clair en-dessus, plus pâles et quelquefois couvertes, en partie, d'une teinte rougeâtre en-dessous et sur la bordure: elles sont portées par un pétiole coloré, un peu hispide, garni de quelques aiguillons, ayant à sa base deux stipules, bifides, pointues au sommet, denticulées en leur bord. Les fleurs naissent solitaires à l'extrémité des rameaux. Le tube du calice est ovoïde et glabre; le pédoncule est également glabre. Les divisions du

(1) *Habitus.* Fruticulus humilis, circiter pedalis, rarissime aculeatus. Foliola quina, etiam terna, ovalia, basi rotundata, apice acuta, serrata, serraturis rubro-marginatis, supra lætè-viridia, infra pallidiora. Petioli rubri, glandulis sessilibus, nonnullisque aculeis præditi. Stipulæ angustæ margine glanduloso-ciliatæ. Pedunculi glabri, solitarii: Tubus calycis oblongo-oviformis, glaber, aliquando coloratus. Laciniæ calycinæ integerrimæ, ovato-lanceolatæ, apice dilatatæ, intus et limbo tomentosæ, coloratæ. Petala quinque, obcordata, post antesin, statim, pallide rosea, circiterque a medio usque ad unguem, gradatim albido-picta; postea, colore purpurascente saturata. Fructus pyriformes, glabri, rubri vel aurantiaci, nitidi. Diutius inhærent. (N).

limbe sont entières, spatulées ou foliacées au sommet. Ces organes sont légèrement colorés à l'extérieur. Corolle de cinq pétales échancrés en cœur au sommet, d'abord d'un rose tendre, lequel, depuis le milieu de leur limbe, jusqu'à l'extrémité de l'onglet, se convertit, par dégradation, en une couleur blanchâtre : ce phénomène disparaît promptement, et, après deux ou trois jours, les pétales prennent une teinte pourprée et uniforme, comme ceux du R. *Indica Linneana,* déja figuré dans cet ouvrage. Fruits ellipsoïdes et rouges, un peu orangés à la maturité.

Observations sur cette variété.

Notre arbrisseau ne diffère du R. *Indica Linneana*, que par la teinte bicolore des pétales à la première époque de sa floraison, et par ses tiges plus basses, presque toujours dépourvues d'aiguillons. C'est en 1819 que nous avons obtenu cette belle et nouvelle variété de la semence des fruits de l'*Indica Linneana:* nous l'avons communiquée dans la même année. Le Rosier, comme tous ceux du même groupe, prend facilement de bouture; mais, pour le conserver, il faut l'abriter l'hiver.

Rosa Indica Stelligera. *Le Bengale Etoilé.*

P. J. Redouté pinx. Imprimerie de Remond Chapuy sculp.

ROSA INDICA SERTULATA.

R. *germinibus subglobosis; pedunculis hispidulis; foliolis 3 — 5 discoloribus; laciniis calycinis integris; caule petiolisque aculeatis.* (N.)

R. *Indica sertulata.* Red. Ros. vol. 2, p. 38, var. β. Thy. Prod. groupe XXIV, p. 131, var. β.

LE BENGALE A BOUQUET.

DESCRIPTION.

Cet arbrisseau s'élève, en buisson, à la hauteur de douze à quinze pouces. Ses branches sont armées d'un petit nombre d'aiguillons crochus, assez forts, peu dilatés à leur base: les rameaux florifères en sont entièrement dépourvus. Les feuilles se composent de trois ou de cinq folioles de dimension moyenne, d'un vert obscur en-dessus, glauques et plus ou moins recouvertes, en-dessous, d'une teinte vineuse qui s'étend jusques sur la bordure : elles sont portées par un pétiole rougeâtre, glabre, muni d'aiguillons, ayant à sa base des stipules bifides, pointues au sommet, glanduleuses en leur bord. Les fleurs naissent, cinq ou six ensemble, à l'extrémité des ramuscules qui croissent le long des branches principales, et forment, par leur réunion, une espèce de bouquet. Le tube du calice, parfaitement glabre, est presque rond : le long pédoncule qui le supporte est garni, surtout au sommet, d'un grand nombre de petits poils glanduleux. Les divisions du limbe, entières, pointues ou spatulées au sommet, sont glabres extérieurement, et tomenteuses à l'intérieur. Corolle de cinq à six rangs de pétales, concaves, irrégulièrement échancrés, blancs vers l'onglet, et d'un rose très-tendre au sommet. Les étamines et les styles sont les mêmes que ceux des fleurs de tous les Rosiers des Indes.

OBSERVATIONS.

Ce Rosier offre quelques traits de ressemblance avec le R. *Indica subalba* (vol. 2. p. et fig. 79); mais il s'en éloigne sous beaucoup de rapports.

1° Le tube du calice du R. *Indica subalba* est ovoïde, celui de notre Rosier est globuleux.

2° Le pédoncule du premier Rosier est glabre; le pédoncule de celui-ci est hispide-glanduleux.

3° Les pétales du R. *Indica subalba* sont d'un blanc de lait en finissant.

Ceux du R. *Indica sertulata* conservent jusqu'à la fin une teinte rosée.

4° Les divisions du limbe sont constamment simples dans le R. *Indica sertulata*, tandis qu'elles sont presque toujours pinnées dans l'autre Rosier.

Il paraît que cette variété a été obtenue de graines, il y a plusieurs années, dans les pépinières du Roi, à Trianon: elle a été long-temps rare; mais on la trouve aujourd'hui dans quelques collections. On multiplie ce Rosier de bouture, plutôt que par la greffe. On l'élève ordinairement en terre de bruyère et en pot, pour le rentrer l'hiver, parce qu'il craint la gelée encore plus que toute autre variété de l'espèce. Dans cette saison, et moyennant quelques soins, il fleurit très-bien, soit dans l'orangerie, soit dans les baches où on le dépose. Rempoter exactement, tous les ans, à l'automne avant de le rentrer.

Rosa Indica Sertulata. *Le Bengale à Bouquets.*

P. J. Redouté pinx. Imprimerie de Remond Langlois sculp.

ROSA GALLICA AGATHA,

(*var. Regalis.*)

R. (*damascena*) *flore pleno roseo purpurascente, germinibus ovatis pedunculisque crassioribus, pilato, rigidis-foliis sulfureo-viridibus.* Roess. Roses, n° 18, *cum Tab. Idem*, Beschrei. der Ros. 1, p. 82; 2, p. 83.

R. *Rubella, flore majore multiplicato, sive plena, incarnata vulgo.* J.-B. Hist. 2, p. 36.

L'AGATHE ROYALE.

DESCRIPTION.

Arbrisseau qui s'élève en buisson à deux pieds et demi, ou environ. Ses branches, grêles, rapprochées entre elles, sont armées, surtout dans leur partie supérieure, d'aiguillons courts, inégaux, les plus grands dilatés à leur base. Les feuilles se composent de cinq, rarement de sept folioles, fermes au toucher, plus ou moins arrondies, glabres en-dessus, tomenteuses en-dessous, doublement dentées, les dents parfois surmontées de petites glandes. Elles sont portées par un pétiole un peu velu, garni de quelques petits aiguillons, ayant à sa base des stipules décurrentes, bifides, pointues au sommet. Les fleurs, moyennes, sont disposées, plusieurs ensemble, à l'extrémité des rameaux. Le tube du calice est presque ovoïde, et à-peu-près glabre: le pédoncule qui le supporte est muni d'un grand nombre de poils courts et glanduleux. Corolle très-double, à pétales d'un rose un peu vif, ceux du centre roulés et chiffonnés, engagés par leur sommet entre le calice et les styles. Point d'étamines. Styles en partie libres, en partie réunis en faisceau.

OBSERVATIONS.

L'Agathe Royale fleurit au premier printemps, et ses fleurs se succèdent pendant long-temps. Souvent les pétales extérieurs se couvrent de nuances, ou blanchâtres, ou d'un rouge plus foncé que celui des pétales, ce qui donne à la fleur un aspect très-agréable. Le Rosier connu dans les jardins sous le nom d'Agathe de Provence (*Provincialis incarnata*), n'est qu'une sous-variété plus pâle de notre Rosier. Peut-être la Rose *Belle-Fille* des Anglais (R. *Belladona*), figurée dans Andrews, n'est-elle aussi qu'une autre sous-variété, encore plus pâle, de l'Agathe Royale.

Rosa Gallica - Agatha (Var. Regalis) *Rosier Agathe - Royale.*

P. J. Redouté pinx. Imprimerie de Rémond Langlois sculp.

ROSA GALLICA AGATHA,

(var. prolifera.)

Agathe précieuse. *Hortul.*
Agathe incomparable. *Idem.*

L'AGATHE PROLIFÈRE.

DESCRIPTION.

Nous ne nous arrêterons pas sur ce Rosier qui est absolument semblable au précédent, dont il ne diffère que par sa fleur d'un rose un peu plus tendre, du milieu de laquelle sort, assez généralement, une autre fleur, et quelquefois une troisième du centre de cette seconde Rose. Elles s'épanouissent successivement, quoique assez mal. Dans cette monstruosité, le pédoncule est comme aplati, et muni, dans beaucoup d'individus, de bractées foliacées longues et disposées par étages, ce qui place notre Rose dans les prolifères frondeuses. On a quelquefois vu quatre à cinq boutons sortir de la tige principale, ce qui est souvent déterminé par la vigueur de la végétation de l'arbrisseau. Il arrive aussi, dans les printemps secs, que le Rosier, quoique chargé de fleurs, ne donne qu'une ou deux Roses prolifères. Le bouton, dans presque tous ces Rosiers, est aplati et comme coupé au sommet.

Les Rosiers-Agathe ont produit un grand nombre de sous-variétés qui sont très-recherchées à cause de la quantité de belles fleurs dont se couvrent ces arbrisseaux. Nous en donnerons ici la nomenclature jardinière, pour répondre aux desirs de plusieurs de nos souscripteurs.

Nomenclature, par ordre alphabétique, des principales sous-variétés des Roses dites Provins-Agathe, cultivées dans les jardins.

On sait que les individus compris dans cette liste ne s'éloignent les uns des autres que par de très-légères différences prises particulièrement dans le port des arbrisseaux, ou dans la couleur des pétales, enfin dans quelques légers accidents qui ne sont d'aucune importance aux yeux des botanistes, circonstances pour lesquelles plusieurs amateurs en ont écarté beaucoup de leur collection. Cependant nous pensons qu'un massif, uniquement composé de ces Rosiers-Agathe, greffés sur des églantiers de deux à trois pieds, rapprochés entre eux et disposés en gradins, ferait un effet très-beau, d'autant plus que ces arbrisseaux, qui fleurissent presque tous à la même époque, offriraient le tableau d'une immense quantité de Roses très-doubles, de couleur variée, et qui se succéderaient pendant plus d'un mois.

R. Agathe.
1 — Aima. Guerr.
2 — Aimable rouge. Godef.
3 — Augustine. Godef.
4 — — à épines. Id.
5 — — Bertin. Vibert.
6 — — Sans épines. God.
7 — Beauté superbe. Guerr.
8 — — Tendre. Du P.
9 — Belle Hébé. Le Rouge (1).
10 — Bouquet de Vénus. Id.
11 — — Joli. Id.
12 — — Tendre. Id.
13 — Carnée (grande). *Hortul.*
14 — — (petite). *Hortul.*
15 — Chérie. Le Rouge.
16 — Enfant de France. Lelieur.
17 — Ernestine. Le Rouge.
18 — Favorite. Vilmor.
19 — Feunon rouge. Guerr.

B. Agathe.
20 — Florine. Le Rouge.
21 — Francfort (de). *Hortul.*
22 — Héloïse. Le Rouge.
23 — Henriette. Guerr.
24 — Hollande (de). *Hortul.*
25 — Impériale à plumet. Guerr.
26 — Italie (d'). Le Rouge.
27 — Iris nova. Guerr.
28 — Marie-Louise. *Hortul.*
29 — Maxima. Guerr.
30 — Petite renoncule violette. Vibert.
31 — Pierret (Rose). Le Rouge.
32 — Portugal (de). Miss Law. t. 21.
33 — Précieuse. Le Rouge.
34 — Prolifère. *Hortul.*
35 — Provence (de). Jardin de Trianon.
36 — — Blanche. Miss Law.
37 — Redum. Guerr.
38 — Royale. *Hortul.*

(1) *Collection de Rosiers classés selon leur ordre, de M.* Le Rouge, *propriétaire et organiste, à Dole* (Jura), Commercy, 1820, vingt pages in-8°. Les amateurs peuvent s'adresser à cet excellent cultivateur pour obtenir les sous-variétés indiquées sous son nom.

Rosa Gallica Agatha (var. Prolifera.) Rosier Agathe Prolifère.

P. J. Redouté pinx. Imprimerie de Rémond Victor sculp.

ROSA GALLICA,

(var. flore marmoreo.)

R. *germinibus globosis; floribus magnis marmoreis; pedunculo hispido; caule petiolisque hispido-aculeatis; foliolis subovatis, subtus-villosis.* And. Roses, *cum Tab.*

R. *Gallica marbled.* Ait. *Kew. ed. alt.* var. γ. Miss Law. *Tab.* 57.

R. *Gallica marmorea, flore modice pleno, lucide purpureo, calycibus pinnatis, germine pyriformi.* Roess. *Beschrei. der Rosen,* part. 2, p. 56. *Non R. marmorea* Id. *l. c.* p. 6, n° 2. *An R. marmorea,* Id. Roses, n° 26?

Rose marbrée. *Hortul.*

Marbled Rose. *Id.*

Die Marmorirte Franzrose. *Id.*

LE ROSIER DE PROVINS,

(Variété à fleurs marbrées.)

DESCRIPTION.

C'est un Rosier qui s'élève en buisson à la hauteur de trois ou quatre pieds. Ses branches sont armées de petits aiguillons courts, inégaux, presque droits, très-rapprochés, principalement sur les rameaux florifères. Les feuilles se composent de cinq ou de sept folioles, la plupart ovales-arrondies à la base et au sommet, vertes en-dessus, plus pâles en-dessous : elles sont portées par un pétiole légèrement tomenteux, muni de plusieurs petits aiguillons recourbés, ayant à la base deux stipules assez larges, bifides et pointues au sommet. Les fleurs, presque inodores, larges de trois pouces, et souvent plus, sont disposées plusieurs ensemble à l'extrémité des rameaux. Le tube ovoïde du calice est souvent glabre; parfois, aussi, il est muni de quelques poils roides et glanduleux: le pédoncule qui le supporte est entièrement couvert de poils très-courts, entremêlés de glandes sessiles. Les divisions du limbe sont pinnatifides. Corolle de deux à trois rangs de pétales d'un rose pâle, recouvert de taches d'un rose un peu plus foncé, qui représentent assez bien une espèce de marbrure. Étamines nombreuses; stigmates courts, réunis en une tête sessile demi-globuleuse.

OBSERVATIONS.

Il n'est pas rare de rencontrer le Rosier à pétales marbrés dans le produit des semences des fruits du R. *Gallica*, avec des taches de différentes formes et couleurs. M. le docteur Loiseleur-des-Longchamps en a publié une très-belle sous-variété sous le nom de *Rose pentade* (R. *Gallica meleagris*) que nous n'avons pas citée en synonyme, parce que sa Rose diffère de la nôtre par les points constamment blancs et très-fins qui recouvrent les pétales.

Notre Rosier fait un très-bel effet greffé sur églantier: il est recherché, non seulement à cause des panachures dont nous avons parlé, mais encore parce que sa fleur ne présente qu'un petit nombre de pétales, circonstance heureuse qui permet d'admirer ce jeu de la nature dans tous ses détails: on sait d'ailleurs que les amateurs préfèrent, en général, les Rosiers de Provins à fleurs simples ou semi-doubles, à ceux qui donnent des fleurs très-pleines.

Rosa Gallica flore marmoreo. *Rosier de Provins à fleurs marbrées*

P. J. Redouté pinx. Imprimerie de Rémond Bessin sculp.

ROSA SEPIUM

(*myrtifolia.*)

R. *germinibus oblongo-ovatis, pedunculisque glabris; foliolis parvulis, basi apiceque acutis, subtus glanduloso-pilosis; petiolis subtomentosis, cauleque aculeatis; floribus ex albo roseis, subsolitariis.* (N.)

R. *sepium myrtifolia.* RED. Roses, vol. 2, p. 62. THY. *Prod.* p. 114, var. δ.

R. (*Myrtifolia*). HALL. *fil. Ex* SCHLEICHER, *Cat. plant. helv. exsiccatarum, ab anno* 1794 *et seqq.*

R. (*Canina myrtifolia*). DU P. *Gymnas.* Ros. *in* THY. R. CANDOLLEANA, p. 13, div. 1re, n° 6.

LE ROSIER DES HAIES

(*à feuilles de myrte.*)

DESCRIPTION.

Arbrisseau remarquable par ses feuilles petites, luisantes endessus, assez semblables, par leur forme, aux feuilles du myrte, mais qui diffère du R. *Sepium* de THUILLIER par ses tiges moins élevées, ses folioles plus petites, et quelques autres caractères.

Les tiges de notre Rosier, hautes de trois pieds, au plus, sont très-rameuses, diffuses, réunies en buisson, d'un vert jaunâtre, et lisses. Ses rameaux débiles, à-peu-près pendants, sont armés d'aiguillons forts, crochus, assez rapprochés, quelquefois géminés à la base des stipules. Les feuilles se composent de sept, rarement de cinq folioles, inodores, ovales-pointues à la base et au sommet, finement dentées en scie, glabres et comme luisantes en-dessus, munies en-dessous de petis poils très-courts entremêlés de glandes. Elles sont portées par un pétiole légèrement tomenteux, glanduleux, aiguillonné, ayant à sa base deux stipules décurrentes, bifides, pointues au sommet. Les fleurs, latérales et terminales, sont le plus souvent solitaires à l'extrémité des ramuscules qui sortent des branches principales. Le tube du calice est ovoïde et glabre ainsi que le pédoncule qui le supporte. Les divisions du limbe sont allongées et pinnatifides, lisses à l'extérieur, garnies d'un léger duvet à l'intérieur. Corolle de cinq pétales d'abord blanchâtres, mais qui se couvrent, promptement, d'une teinte rougeâtre à l'exposition du soleil. Etamines nombreuses; styles presque glabres. Le fruit, de forme elliptique, d'abord rouge, noircit à la maturité.

OBSERVATIONS.

Cette variété est un peu moins commune que toutes les autres du même groupe. Haller fils l'a rencontrée sur les montagnes de la Suisse; et nous l'avons reçue, quoique sous différents noms, de divers départements de la France. On la trouve sur la lisière des bois aux environs de Paris, et on la confond souvent avec le *sepium* de Thuillier, dont les folioles sont glabres et non luisantes en-dessus, comme celles de notre Rosier.

L'arbrisseau se plaît dans les lieux secs et arides. Quelques personnes le cultivent à cause de la singularité de son feuillage. Il donne ses fleurs, toujours peu nombreuses, en juin et juillet.

Rosa Sepium Myrtifolia. *Rosier des Hayes à feuilles de Myrte.*

P. J. Redouté pinx. Imprimerie de Rémond Langlois sculp.

ROSA GALLICA
(*flore giganteo.*)

R. *germinibus pyriformibus, pedunculisque hispido-glandulosis; floribus giganteis.* (N.)

LE ROSIER DE PROVINS
(*à fleurs gigantesques.*)

DESCRIPTION.

Arbrisseau qui s'élève à deux pieds, ou environ: ses rameaux sont garnis, à leur partie supérieure, d'une multitude de petits aiguillons inégaux, un peu flexibles; ces mêmes aiguillons sont fermes, plus longs, les uns droits, les autres recourbés à la partie inférieure des branches. Les feuilles se composent de cinq ou de sept folioles, ovales-allongées, pointues au sommet, arrondies en cœur à la base, fermes au toucher, glabres en-dessus, légèrement tomenteuses en-dessous, inégalement dentées, quelques unes des dents surmontées de petites glandes. Le pétiole qui les supporte est légèrement tomenteux, et muni de quelques petits aiguillons jaunâtres; il offre à sa base des stipules décurrentes, bifides, à bords finement dentés. Les fleurs naissent tantôt solitaires, tantôt réunies par trois à l'extrémité des rameaux. Le tube du calice, pyriforme, est hispide-glanduleux, ainsi que le pédoncule. Les divisions du limbe, trois pinnatifides, et deux simples, sont chargées, à l'intérieur, d'un duvet blanchâtre très-serré, et munies extérieurement de petits poils entremêlés de glandes. La corolle d'un diamètre de plus de cinq pouces, légèrement odorante, est composée de plusieurs rangs de pétales d'un beau rose, irrégulièrement échancrés, au sommet. Ceux du centre, roulés et chiffonnés, laissent à peine apercevoir ce qui reste des étamines. Fruit presque rond, assez gros, et rouge à la maturité.

OBSERVATIONS.

Ce Rosier, si remarquable par le volume de ses fleurs, a été obtenu de semence en 1813, dans le jardin fleuriste du Roi à Sévres, où l'on en trouve plusieurs pieds greffés. Il n'est pas encore très-répandu dans les jardins.

D'après la beauté et le volume extraordinaire de la fleur de notre arbrisseau, on peut juger combien est avantageuse la voie des semis, pour multiplier et accroître le nombre des belles variétés. Il est à regretter que cette méthode ne soit pas plus en usage en France, où l'on se contente de reproduire le Rosier par le couchage ou par la greffe, sans considérer qu'on ne fait alors que perpétuer servilement les mêmes espèces.

Rosa Gallica flore giganteo. *Rosier de Provins à fleur gigantesque.*

P. J. Redouté pinx. Imprimerie de Rémond Victor sculp.

ROSA GALLICA

(*Stapeliæ flora.*)

R. *germinibus subovatis pedunculisque glanduloso-hispidis; foliolis ovalibus duplicato-dentatis; petiolis glandulosis aculeatis; caule aculeis inequalibus sparsis.*

* *Corolla speciosa maculis lineisque fusco-purpureis undulato-variegata.* (N.)

LE ROSIER DE PROVINS

(*à fleurs de Stapélie.*)

DESCRIPTION.

Cet arbrisseau s'élève en buisson à la hauteur de deux pieds et demi, ou environ. Ses branches sont munies, à leur partie supérieure, de poils spinuliformes, courts, entremêlés de glandes : leur partie inférieure est armée de quelques aiguillons courts, inégaux, les uns droits, les autres un peu recourbés. Les cinq folioles dont les feuilles se composent, sont assez petites, glabres en-dessus, tomenteuses en-dessous, glanduleuses et ciliées en leur bord. Le pétiole qui les supporte, légèrement velu, un peu aiguillonné, est muni, à la base, de stipules bifides et pointues au sommet, denticulées en leur bord. Les fleurs, rarement solitaires, sont presque toujours réunies par trois à l'extrémité des rameaux. Le tube du calice est glabre : il est porté par un pédoncule garni de poils roides et glanduleux. Les divisions du limbe, trois pinnatifides et deux simples, sont cotonneuses intérieurement et couvertes, à l'extérieur, de petites glandes sessiles. Corolle de cinq pétales, grands, un peu concaves, d'un pourpre assez foncé, recouverts en partie d'un grand nombre de petites taches d'un jaune fauve, rougeâtres, ou d'autres couleurs disposées en ligne longitudinale. Étamines très-nombreuses. Styles réunis en une tête convexe au centre de la fleur. Fruit presque rond, d'abord rougeâtre, enfin noir à la maturité.

OBSERVATIONS.

Le nom que nous avons imposé à ce Rosier dérive des taches qui recouvrent les pétales des fleurs, lesquelles rappellent celles que l'on remarque sur certaines variétés du genre *Stapelia*, (Willd. 1, 1277), en faisant observer cependant que, dans ces dernières plantes, les taches sont disposées en lignes transversales. Quoique la ressemblance ne soit pas précisément spéciale, nous avons cru pouvoir tirer le nom de notre variété de cette particularité dans la fleur, le Rosier ne présentant rien d'assez marquant pour le faire distinguer autrement de l'espèce primitive.

Rosa Gallica Stapeliæ flora. — *Rosier de Provins à fleurs de Stapelia.*

P. J. Redouté pinx. — Imprimerie de Rémond — Bessin sculp.

ROSA GALLICA ROSEA,

(*flore simplici.*)

R. *Gallica simplex, floribus roseis.* Red. Roses, vol. 1, p. 76, var. α. Thy. Prod. groupe XVI, p. 87, var α.

R. (*provincialis*) *germinibus subrotundis; pedunculis petiolisque hispidis, glandulosis; aculeis ramorum sparsis, rectis subreflexis; foliolis ovatis subtus villosis; serraturis glandulosis.* And. Roses. *Cum tab.*

LE ROSIER DE PROVINS

(*à fleurs roses et simples.*)

DESCRIPTION.

C'est un Rosier qui s'élève à deux ou trois pieds: ses rameaux, diffus, sont armés de plusieurs petits aiguillons inégaux, minces, peu dilatés à leur base. Les feuilles se composent de cinq folioles, assez grandes, en général arrondies à la base et au sommet, vertes en dessus, plus pâles et tomenteuses en-dessous, munies en leur bord de poils courts, entremêlés de glandes. Le pétiole qui les supporte, hispide-glanduleux, garni, mais rarement, de petits aiguillons, est muni à sa base de stipules grandes, bifides et pointues au sommet, denticulées et glanduleuses en leur bord. Les fleurs, tantôt solitaires, tantôt disposées par trois, naissent à l'extrémité des ramuscules qui croissent le long des branches principales: elles sont placées sur de longs pédoncules, garnis d'un grand nombre de poils spinuliformes et glanduleux. Le tube du calice est presque rond et glabre. Les divisions du limbe sont pinnatifides, et les pinnules spatulées au sommet. Corolle de cinq pétales d'un diamètre de plus de trois pouces et demi, d'une belle couleur rose, échancrés en cœur au sommet. Fruit globuleux et rouge à la maturité.

OBSERVATIONS.

Ce Rosier est connu et cultivé depuis longtemps en Angleterre. Les amateurs ont pu le voir dans les jardins de M. Shailer (*of little chelsea*). Andrews assure qu'on le rencontre assez rarement dans les collections en France et en Angleterre, mais qu'il est commun en Italie et en Espagne. Nous l'avons trouvé dans la Roseraie de M. Ternaux, à Auteuil, où, dit-on, il a été obtenu de graines, il y a deux ans.

Rosa Gallica rosea flore simplici. *Rosier de Provins à fleurs roses et simples.*

P. J. Redouté pinx. Imprimerie de Rémond Langlois sc.

ROSA BIFERA PUMILA.

R. *germinibus infundibuliformibus pedunculisque hispido-glandulosis; floribus erectis, subcorymbosis.* (N.)

LE PETIT ROSIER DES QUATRE-SAISONS.

DESCRIPTION.

Cette variété du R. *bifera* présente un arbrisseau très-petit, si on le compare à tous les individus qui se rattachent à l'espèce; car notre Rosier ne s'élève guère qu'à un pied dans son plus grand développement. Ses branches sont armées d'aiguillons inégaux, en général assez petits et presque droits. Les folioles sont ovales arrondies, d'un verd foncé en dessus, un peu velues en dessous et sur leur bordure. Elles sont portées par un pétiole glanduleux, quelquefois muni de petits aiguillons, ayant à sa base des stipules bifides, écartées au sommet, denticulées et glanduleuses en leur bord. Les fleurs, rapprochées et très-odorantes, se réunissent par paquets, à l'extrémité des rameaux, en plusieurs corymbes redressés et partiels, au nombre de trois, sept, souvent douze à quinze. Les pédoncules, les pédicelles, les tubes infundibuliformes des calices, enfin les divisions élégamment pinnées du limbe, sont couverts d'un grand nombre de petits poils, entremêlés de glandes visqueuses, et parfumées de l'odeur de la Rose. Ces pédondules et pédicelles sont garnis, à leur base, de bractées allongées, pointues au sommet, glabres en dessus, glanduleuses en dessous, ciliées sur leur bord. Corolle moyenne, de plusieurs rangs de pétales, d'un rose-pâle, échancrées en cœur au sommet; ceux du centre sont roulés et se renversent sur les styles qui sont velus et distincts. Fruits pyriformes et rouges à la maturité.

OBSERVATIONS.

Cette mignature nous a été communiquée par M. Noel, pépiniériste à Paris, qui l'a obtenue de semence. Nous la cultivons, et chaque année le pied nous fournit de nombreuses fleurs, d'une très-belle forme.

Cette variété se rapproche beaucoup du R. *bifera officinalis*, et du R. *bifera myropolarum*, dont elle ne diffère que par ses tiges beaucoup plus basses, et ses fleurs en corymbe redressé: celles des deux autres sont, ainsi que nous l'avons dit ailleurs, très-élevées et disposées en panicule lâche.

Rosa Bifera pumila. — *Le petit Quatre-Saisons.*

P. J. Redouté pinx. — Lemaire sculp.

ROSA FARINOSA.

R. *calycis tubo oviformi, pedunculisque superne glabris; foliolis ovalibus utrinque villosis, mollissimis, duplicato-serratis; petiolis tomentosis cauleque aculeatis; aculeis rectiusculis.* Rau *En. Ros.* p. 147. Red. Roses, vol. 2, p. 40. Thy. Prod. groupe XI. *Spec.* 21.

LE ROSIER FARINEUX.

DESCRIPTION.

Arbrisseau très-rameux qui s'élève le plus souvent à trois pieds, ou environ, mais quelquefois jusqu'à cinq. Ses tiges sont armées d'aiguillons fermes et presque droits. Les rameaux et les ramuscules de l'année sont munis d'autres aiguillons plus petits, un peu défléchis; leur sommité est presque glabre. Les feuilles se composent de trois, cinq, assez rarement de sept folioles, les unes pointues, les autres obtuses au sommet, couvertes, sur les deux faces, d'un duvet blanchâtre, molles au toucher, doublement dentées, à dentelures ciliées et glanduleuses: elles sont garnies à leur base de stipules lanceolées, pointues glabres en-dessus, munies en-dessous de glandes et de poils très-rapprochés, denticulées en leur bord. Les fleurs, terminales, se réunissent en une espèce de corymbe à l'extrémité des rameaux: les pédoncules qui les supportent sont glabres à leur partie supérieure, et pubescents inférieurement. Les tubes oviformes des calices sont entièrement glabres. Les bractées qui accompagnent les pédoncules sont velues et garnies de glandes sur leur bordure. Les divisions du limbe, appendiculées, sont munies intérieurement d'un duvet blanchâtre. Corolle de cinq pétales d'un rose très-pâle, échancrés au sommet, surpassant un peu les divisions du limbe. Fruit oviforme, presque globuleux, d'un rouge obscur à la maturité.

OBSERVATIONS.

Ce Rosier, vu de loin, paraît couvert d'une poussière blanchâtre qu'on pourrait comparer à de la farine; c'est ce qui l'a fait nommer Rosier farineux, par M. le professeur RAU qui l'a signalé le premier. Toutefois nous le considérons comme faisant partie du groupe des Rosiers à feuilles velues (*villosæ*), dont il ne diffère que par les tubes de ses calices qui sont glabres, et leur pédoncule dépourvu de villosités, excepté à leur partie inférieure.

Cet arbrisseau croit en Allemagne, dans les environs de Wurtzbourg; M. RAU nous l'a communiqué.

Rosa farinosa — *Rosier farineux*

P. J. Redouté pinx. — Imprimerie de Rémond — Victor sculp.

ROSA INDICA DICHOTOMA.

R. *germinibus globosis glabris; pedunculis glanduloso-hispidis; petiolis villosulis cauleque aculeatis; floribus cymosis.* (N.)
R. *Indica dichotoma.* Thy. *Prod. groupe* XXIV, p. 130, *spec.* 52, *var.* χ.

LE BENGALE ANIMATING.

DESCRIPTION.

Rosier qui monte jusqu'à deux pieds, même plus, lorsqu'on l'élève dans une serre tempérée. Ses rameaux, diffus et bifurqués, sont armés d'aiguillons inégaux, crochus, épars. Les feuilles se composent de cinq, quelquefois de sept folioles, les unes ovales, les autres pointues, vertes et luisantes en-dessus, plus pâles en-dessous, finement dentées en scie. Le pétiole qui les supporte est légèrement tomenteux, muni de quelques petits aiguillons qui s'étendent jusques sur la nervure principale des folioles : à sa base sont deux stipules étroites, denticulées et pointues au sommet. Les fleurs, odorantes, naissent plusieurs ensemble à l'extrémité des rameaux : elles sont portées par des pédoncules communs qui se divisent et se subdivisent, par bifurcation, en un grand nombre de pédicelles ou pédoncules partiels, suivant les règles de la dichotomie. Les pédoncules sont glabres, mais les pédicelles sont hispides-glanduleux. Le tube du calice est globuleux et glabre. Les divisions du limbe, munies, à l'extérieur, de petites glandes sessiles, sont tantôt simples, tantôt garnies de quelques pinnules. Corolle de plusieurs rangs de pétales d'un rose foncé, échancrés au sommet, ne s'ouvrant pas toujours très-bien. Fruit d'un rouge-tendre à la maturité.

OBSERVATIONS.

Ce Rosier nous vient d'Angleterre où il est connu sous le nom de R. *animating* (Rosier animé): c'est M. Boursault qui l'a introduit en France, il y a quelques années. Ses fleurs répandent une odeur qui se rapproche de celle du R. *indica fragrans* ou Bengale à odeur du thé. Il ne réussit bien, et ses pédoncules dicothomes ne se développent parfaitement que lorsqu'il est élevé en pleine terre de bruyère dans la serre tempérée. C'est pourquoi il est assez rare de le trouver dans son état naturel, sous ce rapport, dans les jardins où on le livre à la pleine terre. D'ailleurs il se cultive comme tous les Rosiers de l'espèce, et se multiplie très-facilement de boutures faites à l'ombre et sous châssis.

Rosa Indica dichotoma. — *Le Bengale animating.*

P. J. Redouté pinx. — Imprimerie de Rémond — Chapuy sculp.

ROSA CENTIFOLIA,

(*var. prolifera-foliacea.*)

R. *Centifolia prolifera.* Nouv. Duham. vol. 7, p. 37, var. 17.

R. *Centifolia foliacea.* Red. Ros. vol. 1, p. 78, var. υ. *Idem.* vol. 2, p. 59. Thy. *Prod. groupe* XII, p. 76, var. υ. De Chesnel, *Histoire de la Rose*[1], p. 72.

LE ROSIER PROLIFÈRE-FOLIACÉ.

DESCRIPTION.

Ce Rosier est remarquable en ce qu'il réunit sur un même individu deux variétés distinctes, savoir: la Cent-feuilles foliacée, et la Cent-feuilles prolifère. Converti en franc-de-pied par le procédé de la marcotte, il s'élève à deux pieds, ou environ. Ses tiges, et en général toute la partie foliacée de l'arbrisseau, sont semblables, à l'exception des longues divisions calicinales et des fleurs prolifères, à celles de toutes les Cent-feuilles connues; c'est pourquoi nous ne nous occuperons pas de sa description, ayant déja donné dans cet ouvrage celle de beaucoup d'individus de ce groupe.

(1) Histoire de la Rose chez les peuples de l'antiquité et chez les modernes; description des espèces cultivées; culture des Rosiers; propriété des Roses, et leurs diverses préparations alimentaires, cosmétiques, etc. etc., par M. le marquis De Chesnel, lieutenant-colonel de la légion infanterie-légère des Pyrénées-Orientales, membre de plusieurs sociétés savantes, etc., avec cette épigraphe:

La Rose est la fleur chère aux dieux:
Dans ses cheveux Hébé la pose,
Et le nectar qu'on boit aux cieux
N'est rien que le suc de la Rose.

Toulouse, F. Vieusseux, 1820, 1 vol. in-8°, 174 pages.

OBSERVATIONS.

Notre Rosier, ainsi qu'on peut en juger à la vue de la figure qui accompagne cette description est une modification du R. *Centifolia gigantea*, ou *pictorum* (nouv. DUHAMEL), dont les fleurs, les plus grandes du groupe des Rosiers à Cent-feuilles, sont si recherchées à cause de leur volume et de leur parfum[1].

Quant au luxe de végétation que l'on remarque dans notre Cent-feuilles prolifère-foliacée, il est dû à la qualité du sol, aux engrais, à l'état de l'atmosphère, aux arrosements fréquents, et autres circonstances qui déterminent cette monstruosité. Toutefois ceux qui l'élèvent, franche ou greffée, ne doivent pas toujours compter sur le succès de leurs soins : souvent le Rosier ne leur donnera que des fleurs ordinaires. DU PONT la cultivait, et c'est en raison de ces variations continuelles qu'il ne l'a pas même consignée dans son catalogue. (Voyez *Gymnasium Rosarum*.)

(1) Quoique, jusqu'à présent, le Rosier à *Cent-feuilles* ait semblé obtenir la palme sur tous les autres, un auteur moderne s'est efforcé de la lui ravir pour la donner au Rosier des *Quatre Saisons*, ou de tous mois (R. *Rifera*). Voici en effet ce qu'on lit dans l'*Almanach des Roses*, de GUERRAPIN, p. 68 : « Cet arbrisseau ne forme pas d'aussi beaux buis« sons et d'aussi belles touffes que beaucoup d'autres espèces, notamment que *la tous « mois*. Ses fleurs ne sont pas accompagnées d'assez de feuilles; cet ornement les ferait « ressortir et valoir davantage. Le bois en devient souvent galleux, meurt tous les deux « ans, à peu près, et a besoin d'être renouvelé. Ses boutons n'ont pas la légèreté et l'élé« gance de ceux de *tous mois*, et ne forment pas d'aussi jolis bouquets. Leur parfum ne « me paraît pas aussi délicat. »

Rosa Centifolia prolifera foliacea. La Cent feuilles prolifère foliacée.

P. J. Redouté pinx. Imprimerie de Rémond Victor sculp.

ROSA COLLINA MONSONIANA.

R. *germinibus ovatis glabris; pedunculis glanduloso-hispidis; foliolis supra glabris, subtus margineque pubescentibus; stylis fasciculatis.* (N.)

R. *Collina pilosiuscula.* Thy. Prod. groupe XII, p. 70, var. γ.

R. *Canina pilosiuscula.* Desv. Journ. Bot. sept. 1813, p. 115, var. λ.

R. *Monsoniæ* (*falso systylla*). Lind. *Mon.* p. 111, var. γ.

LE ROSIER DE LADY MONSON.

DESCRIPTION.

Arbrisseau qui s'élève à trois pieds, et plus. Ses rameaux élancés, glabres, sont armés d'aiguillons forts et crochus. Les feuilles se composent de cinq à sept folioles, ovales-arrondies à la base, pointues au sommet, glabres en-dessus, légèrement pubescentes en-dessous et sur la bordure. Le pétiole qui les supporte est hispide-glanduleux, garni de petits aiguillons crochus et jaunâtres. A sa base sont deux stipules bifides denticulées et glanduleuses en leur bord. Les fleurs sont disposées, plusieurs ensemble, à l'extrémité des rameaux qui croissent le long des branches principales. Les tubes des calices sont ovoïdes et glabres. Les pédoncules qui les supportent sont hérissés de poils glanduleux. A la base de chaque pédicelle sont des bractées ovales-allongées, à bords garnis de petites glandes sessiles. Les divisions du limbe, trois pinnatifides et deux simples, sont cotonneuses à l'intérieur et recouvertes de glandes à l'extérieur. Corolle de cinq pétales, assez grands, échancrés au sommet, d'un beau rose-clair. Styles courts, réunis par leurs stigmates, mais non soudés. Les fruits sont d'un rouge-orangé à la maturité.

OBSERVATIONS.

Nous cultivons ce Rosier qui a fleuri cette année dans nos deux collections. Nous le devons à la complaisance de M. Sabine, secrétaire perpétuel de la société *horticultural* de Londres, qui a découvert cette intéressante variété du *Collina* dans le jardin de Lady Monson, et qui lui a donné le nom de cette dame.

Le R. *Systylla* s'éloigne de ce Rosier par ses folioles glabres sur les deux faces, et par ses styles soudés.

Le R. *Canina* en diffère par ses folioles glabres sur les deux faces, et autres caractères.

Enfin le R. *Montana* s'en éloigne par ses folioles également glabres, mais, seulement, ciliées et glanduleuses en leur bordure.

Le R. *Collina Monsoniana* semblerait avoir quelques rapports avec le R. *Andegavensis* de Bastard, à cause des pédoncules munis de poils glanduleux dans les deux espèces; mais ce dernier Rosier offre encore des folioles glabres sur les deux cotés.

Rosa Collina Monsonia. *Le Rosier de Ladi-Monson.*

P. J. Redouté pinx. Imprimerie de Rémond Langlois sculp.

ROSA INDICA CARYOPHILLEA.

R. *germinibus ovatis, glabris; pedicellis hispido-glandulosis; cyma trifida.* (N.)

LE BENGALE-ŒILLET.

DESCRIPTION.

C'est un arbrisseau très-élégant, qui s'élève à la hauteur de quinze à vingt pouces au plus. Les rameaux florifères sont, assez généralement, dépourvus d'aiguillons : les rameaux adultes en présentent quelques-uns, assez petits et recourbés. Les feuilles se composent de cinq folioles glabres, vertes en-dessus, plus pâles en-dessous, l'impaire très-aiguë, à dentelure crénelée, chaque dent surmontée d'une petite glande. Elles sont portées par un pétiole glanduleux muni, en-dessous, de quelques petits aiguillons rougeâtres et crochus : à sa base sont deux stipules bifides et pointues au sommet, denticulées en leur bord. Les fleurs, légèrement odorantes, presque aussi doubles que celles du R. des Indes-Cent-feuilles, naissent par trois à l'extrémité des rameaux où elles se réunissent en une espèce d'ombelle. Le tube du calice est ovoïde, glabre, et marqué de quelques cannelures longitudinales. Le pédoncule commun est glabre, mais les pédicelles sont hispides-glanduleux. A la base de chaque pédicelle se trouvent des stipules longues et étroites. Les divisions du limbe sont simples, pointues au sommet, à bordure garnie de petites glandes sessiles. Corolle de huit à dix rangs de pétales, d'un beau rose assez foncé, quelques-uns traversés par une ligne blanche qui règne depuis l'onglet jusqu'au sommet. Ces pétales, irrégulièrement échancrés, se gaufrent et se chiffonnent dans leur longueur, de sorte que la fleur, en état de parfait développement, ressemble assez bien à un œillet. Le fruit est ovoïde un peu arrondi, et glabre.

OBSERVATIONS.

C'est M. Redouté qui a obtenu cette variété de la semence des graines du Bengale ordinaire. Elle se distingue très-bien de toutes les autres par le bel incarnat de ses couleurs et par la forme assez singulière de ses pétales. Cette dernière circonstance l'a fait nommer Bengale-œillet, parce qu'en effet elle a une ressemblance marquée avec la fleur de cette plante. Sa culture est la même que celle que l'on donne à tous les Rosiers de ce groupe. On doit l'élever en pot et le rentrer l'hiver dans l'orangerie.

Rosa Indica Caryophyllea. La Bengale Œillet.

P. J. Redouté pinx. Imprimerie de Rémond Langlois sculp.

ROSA RUBIFOLIA.

R. *germinibus globosis pedunculisque hispido-glandulosis; caule aculeis sparsis, substipularibus; foliolis suprà glabris, subtus pubescentibus, inæqualiter dentatis; stylis in columname longatam coalitis; fructibus minimis, globosis.* (N.)

R. *Rubifolia.* Purch. *Am.* 1, p. 345. Ait. *Kew.* ed. *altera* 3, p. 260.

R. *ramulis impubibus, foliolis ovato-lanceolatis serraturis divaricatis, stipulis integris, sepalis ovatis, fructibus pisiformibus.* Lind. *Mon.* p. 123.

LE ROSIER A FEUILLES DE RONCE.

DESCRIPTION.

Cet arbrisseau s'élève à trois ou quatre pieds. Ses tiges sont armées de petits aiguillons rougeâtres, crochus, épars, quelquefois stipulaires. Les feuilles se composent de trois à cinq folioles glabres et d'un vert-clair en-dessus, plus pâles et tomenteuses en-dessous, molles au toucher, comme crispées, inégalement dentées. Elles sont portées par un pétiole glanduleux muni de quelques aiguillons, ayant à sa base des stipules rougeâtres, bifides au sommet, denticulées en leur bordure. Les fleurs naissent, plusieurs ensemble, à l'extrémité des rameaux. Les pédoncules allongés qui les supportent, ainsi que le tube globuleux du calice, sont couverts de poils glanduleux. A la base des pédicelles sont des bractées longues, parfois foliacées, garnies de glandes sur leur bordure. Les divisions du limbe sont courtes, munies de quelques pinnules filiformes, glanduleuses à l'extérieur, légèrement tomenteuses à l'intérieur. Corolle de cinq pétales d'un rose tendre qui devient blanc en finissant, échancrés en cœur, avec une pointe particulière au sommet. Étamines très-nombreuses. Styles soudés, réunis en une colonne glabre comme dans le R. *Arvensis*.

OBSERVATIONS.

C'est encore M. SABINE qui nous a envoyé un pied vivant de ce Rosier absolument inconnu en France jusqu'aujourd'hui, ou plutôt qu'on n'avait jamais vu que dans les herbiers : ainsi, cet individu sera à ajouter à la classe des *Synstilæ* de M. le professeur DE CANDOLE.

M. LINDLEY cite comme variété β de ce Rosier sous le nom de R. *Fenestralis,* le R. *Fenestrata* du Catal. de DONN, éd. 8, p. 170, dont il donne la figure Tab. 15 de son ouvrage. Selon lui, ce Rosier ne diffère du R. *Rubifolia* que par ses folioles glabres sur les deux faces, et ses fleurs solitaires.

Rosa Rubifolia. Rosier à feuilles de Ronce.

P. J. Redouté pinx. Imprimerie de Rémond Victor sculp.

ROSA EGLANTERIA-SUBRUBRA.

R. *germinibus depresso-globosis glabris; pedunculis sub-hispido glandulosis; foliolis petiolisque glabris; caule infrà aculeato, aculeis inæqualibus sparsis.* (N.)

L'ÉGLANTIER CERISE.

DESCRIPTION.

Sur cet arbrisseau, qui s'élève à deux ou trois pieds, les rameaux florifères sont absolument dépourvus d'aiguillons : les branches de l'année précédente en présentent quelques-uns, très-courts et recourbés. Les feuilles se composent de sept folioles petites, glabres sur les deux faces, d'un verd glauque en-dessus, plus pâles en-dessous, de forme ellipsoïde, inégalement dentées. Elles sont portées par un pétiole glabre ayant à sa base des stipules élargies, bifides et pointues au sommet, un peu ciliées en leur bord. Les fleurs naissent solitaires à l'extrémité des ramuscules qui croissent le long des principales branches. Le tube du calice est globuleux, un peu déprimé à sa base, et glabre. Le pédoncule qui le supporte est muni de quelques poils courts, entremêlés de petites glandes. Les divisions du limbe sont entières, pointues au sommet, plus courtes que les pétales, glabres à l'extérieur, velues intérieurement. La corolle offre cinq pétales échancrés en cœur; leur intérieur est d'un rouge cerise pâle : l'extérieur est d'un jaune serin clair au sommet, et très-prononcé vers l'onglet. Étamines nombreuses. Styles velus réunis en faisceau. Stygmates jaunes de la couleur des anthères.

OBSERVATIONS.

Il est très-vraisemblable que ce Rosier a été obtenu de la semence des fruits de la variété à fleurs jaunes de l'*eglanteria punicea*. Cependant, il en diffère sous beaucoup de rapports, indépendamment de la couleur des fleurs.

1° Dans l'églantier jaune les jeunes rameaux sont munis d'aiguillons comme toutes les branches de l'arbrisseau. Dans le nôtre, les rameaux florifères n'en présentent aucun.

2° Dans le premier Rosier les folioles sont d'un vert de pré; les pétioles sont glanduleux munis de petites pointes roides, et les pédoncules absolument glabres. Dans celui dont nous donnons la figure, les folioles sont de couleur glauque, les pétioles glabres, les pédoncules hispides glanduleux.

3° Et enfin les fleurs de l'églantier jaune offrent des styles surmontés de stigmates colorés d'un rouge pourpre très-vif, tandis que les stigmates de l'églantier cerise sont de la couleur des anthères, c'est-à-dire d'un jaune pur.

Nous avons observé cette variété dans la pépinière de M. Vilmorin, il y a déja plusieurs années. Ce Rosier n'est pas commun dans les jardins.

Rosa Eglanteria subrubra. L'Eglantier Cerise.

P. J. Redouté pinx. Imprimerie de Rémond Langlois sculp.

ROSA CANINA GRANDIFLORA.

R. *Germinibus subglobosis, glabris; pedunculis hispidis; petiolis cauleque aculeatis.* (N.)

R. *Canina fugens. Index Rosar. quas Flexiæ incol.* Lemeunier. *MS.*

LE ROSIER CANIN,

(*var. à grandes fleurs.*)

DESCRIPTION.

Arbrisseau rameux qui s'élève à la hauteur de trois ou quatre pieds. Ses branches sont armées d'aiguillons forts, recourbés, souvent réunis en verticille au-dessous des stipules. Les feuilles se composent de trois, cinq, même de sept folioles, glabres sur les deux faces, vertes en-dessus, plus pâles en-dessous. Le pétiole qui les supporte, garni de quelques petits aiguillons, est muni de poils serrés et glanduleux lesquels s'étendent sur la nervure principale et quelquefois sur les nervures latérales les plus saillantes : à sa base sont des stipules étroites, pointues au sommet, denticulées, ciliées et glanduleuses en leur bordure. Les fleurs, latérales et terminales, sont quelquefois solitaires, mais le plus souvent disposées par trois à l'extrémité des ramuscules qui croissent le long des branches principales. Elles sont portées par des pédoncules et des pédicelles garnis de quelques petits poils glanduleux; chaque pédicelle est muni, à sa base, de bractées opposées à bords ciliés et glanduleux. Le tube du calice, à-peu-près rond, est absolument glabre. Les divisions du limbe, trois pinnatifides et deux simples, offrent des pinnules courtes et arrondies en spatule. Corolle de cinq pétales, grands eu égard à ceux des fleurs de tous les individus du groupe des *Caninæ,* d'un rose tendre, jaunâtres vers l'onglet, irrégulièrement échancrés au sommet. Styles réunis en une tête sessile, au centre de la fleur. Fruit presque rond, et rouge à la maturité.

OBSERVATIONS.

Cette jolie variété a été observée, l'année dernière, par M. Lemeunier de la Flèche, qui nous en a fait passer le pied vivant, lequel a fleuri au printemps dans notre jardin. Elle est très-distincte de toutes les autres par l'espèce de poussière glauque qui couvre la fleur avant l'anthère, par la grandeur de ses pétales, et l'éclat de ses fleurs, dernière circonstance d'après laquelle M. Lemeunier l'avait signalée sous le nom de R. *Canina fulgens*. Mais comme beaucoup de Roses des bois, on pourrait même dire toutes les Roses, offrent des couleurs éclatantes au moment de leur épanouissement, et qu'en adoptant cet adjectif l'observateur resterait souvent dans l'incertitude, nous avons cru devoir rapporter le nom de cette belle variété à la dimension des pétales, caractère d'après lequel on la distinguera toujours au premier coup d'œil.

Rosa Canina grandiflora. *Rosier Canin à grandes fleurs.*

P. J. Redouté pinx. Imprimerie de Rémond Lemaire sculp.

ROSA GALLICA AGATHA,

(*var. incarnata.*)

R. Agathe carnée. GUERR. Alm. des Roses. THY. Prod. groupe XVI, p. 94.

L'AGATHE CARNÉE.

DESCRIPTION.

Les branches de ce Rosier, ordinairement très-rapprochées, sont armées, surtout à leur sommet, de beaucoup d'aiguillons inégaux, rougeâtres, presque droits, d'inégale longueur. Les folioles sont d'un vert-obscur, fermes, glabres en-dessus, plus pâles et tomenteuses en-dessous, finement dentées, chaque dent surmontée d'une petite glande. Les fleurs naissent plusieurs ensemble à l'extrémité des rameaux. La corolle se compose d'un grand nombre de pétales très-rapprochés, d'un rose plus tendre que celui des fleurs de l'*Agathe prolifère*. On voit très-rarement le fruit de ce Rosier.

OBSERVATIONS.

On confond quelquefois cet arbrisseau avec l'*Alba incarnata* (*la cuisse de nymphe émue*): mais c'est à tort, les deux Rosiers appartenant à deux groupes différents. Notre Rosier a produit diverses sous-variétés qui ne s'éloignent du type que par des teintes d'un rose plus ou moins prononcé dans les pétales. Il fleurit à la fin de juin: il est très-commun dans les jardins, où on lui donnait, autrefois, le nom de M. Louise.

ROSA GALLICA MAHEKA,

(*var. flore subsimplici.*)

R. *Maheka*. Du P. *Gymn. Ros.* p. 17, var. 7.

R. *Holosoricea* Roess. *Beschrei. der Ros.* 1, p. 196. Idem. Roses fig. n° 16.

R. *Gallica Maheka*. Thy. Prod. groupe XVI, p. 89, var. ε.

LA MAHEKA,

(*var. à fleurs presque simples.*)

OBSERVATIONS.

Ce beau Rosier est si connu des amateurs, que nous croyons devoir nous dispenser d'en présenter une description, laquelle ne ferait d'ailleurs que se rapporter à celles que nous avons déja publiées d'un grand nombre d'individus du même groupe. C'est une des plus magnifiques variétés du *Gallica* que nous ait donné la culture. L'arbrisseau n'exige aucun soin; il ne demande que l'exposition du grand soleil sans laquelle on n'obtiendrait pas des couleurs aussi vives dans les pétales. On trouve assez rarement la fleur entièrement simple. Les pépinières de la Hollande nous l'ont fourni il y a près de trente ans; c'est Du Pont qui l'a répandu dans nos collections. Chez quelques jardinistes on l'appelle *la belle Sultanne.*

Rosa Gallica Agatha incarnata. *L'Agathe Carnée.*

P. J. Redouté pinx. Imprimerie de Remond Langlois sculp.

Rosa Gallica Maheka (flore subsimplici). Le Maheka à fleurs simples.

P. J. Redouté pinx. Imprimerie de Rémond. Langlois sculp.

ROSA RECLINATA,

(1. *flore simplici.* 2. *flore submultiplici.*)

R. *germinibus subglobosis pedunculisque glabris; alabastris ante anthesin reclinatis; laciniis calycinis subintegris; caule subinermi.* (N.)

LE ROSIER A BOUTONS RENVERSÉS,

1. *à fleurs simples.* 2. *à fleurs presque doubles.*

DESCRIPTION.

Les deux Rosiers qui nous occupent n'exigeront qu'une seule description, attendu qu'ils sont absolument les mêmes, avec la seule différence que l'un est à fleurs simples, et l'autre à fleurs composées d'une vingtaine de pétales.

Tous les deux sont susceptibles de s'élever à une très-grande hauteur si on a le soin de les palisser contre un treillage. Les Rameaux sont généralement sans aiguillons : cependant il s'en rencontre parfois sur les branches inférieures. Les feuilles se composent de trois, cinq, et le plus souvent de sept folioles, glabres sur les deux faces, d'un vert-clair en-dessus, un peu plus pâle en-dessous, simplement dentées. Elles sont portées par un pétiole glabre, muni de petits aiguillons rougeâtres, ayant à sa base deux stipules décurrentes, pointues au sommet, denticulées en leur bord, lavées d'une teinte rouge dans leur jeunesse, et de couleur verdâtre au moment de la chute des feuilles. Les fleurs sont disposées plusieurs ensemble à l'extrémité des rameaux qui croissent le long des branches principales. Les boutons, avant l'anthèse, se courbent vers la terre d'une manière remarquable; mais ils se redressent avant l'épanouissement. Les tubes des calices sont courts, presque globuleux, et glabres ainsi que les pédoncules et les divisions du limbe: ces mêmes divisions sont presque simples, aussi longues que les pétales, et dilatées en spatule au sommet. Les pétales sont échancrés en cœur, et d'un rose tendre. Le fruit est presque rond, et rouge à la maturité.

OBSERVATIONS.

Le premier de ces Rosiers (celui à fleurs simples) est vraisemblablement un hybride issu d'un Rosier du Bengale et d'un Rosier des Alpes: il nous a été communiqué par M. Cugnot; il est assez rare. Le second, qui se trouve communément dans les jardins, et qu'on connaît sous le nom de Rosier Boursault, est un produit de la semence du premier. Tous deux se couvrent au printemps d'un grand nombre de fleurs qui persistent jusqu'à l'automne sur les pieds bien exposés. Ils n'exigent aucune culture.

Rosa Reclinata flore simplici. Rosier à boutons renversés; Var. à fleurs simples.

P. J. Redouté pinx. Imprimerie de Rémond Bessin sculp.

Rosa Reclinata flore sub multiplici. *Rosier à boutons penchés. (var. à fleurs semi doubles.)*

P. J. Redouté pinx. Imprimerie de Rémond. Langlois sculp.

ROSA HISPIDA,

(*var. argentea.*)

R. *germinibus globosis pedunculisque hispido-aculeatis, foliolis ovatis subtus albido-tomentosis, caule aculeis sparsis (setis minimis intermixtis), floribus solitariis.* POIRET, Ency. 6, p. 286, n° 15. THY. Prod. groupe VI, p. 48, var. β.

Non. MOENCH. 5, 281, CURT. Bot. Mag. tab. 1570, KROCH. *fl. Silesiaca,* 2, 152., SCHRANH. *Baier fl.* 2, p. 41.

LE ROSIER HISPIDE,

(*var. à fleurs argentées.*)

DESCRIPTION.

Ce Rosier forme un buisson très-touffu qui s'élève jusqu'à six ou sept pieds. Ses branches sont couvertes de poils hispides, spinuliformes, les uns flexibles, les autres fermes au toucher. Quelques aiguillons assez rares, presque droits, sont épars sur les rameaux, principalement sur ceux de l'année. Ces poils et ces aiguillons persistent, même sur les plus petits ramuscules, pendant toute la durée de la vie de l'arbrisseau. Les feuilles se composent de neuf à onze folioles, petites, ovales-oblongues, doublement dentées, glabres en-dessus, légèrement tomenteuses en-dessous. Le pédoncule qui les supporte est glabre, garni de quelques aiguillons très-petits, et muni à la base de deux stipules pointues au sommet. Les fleurs, presque toujours solitaires, naissent à l'extrémité des ramuscules qui croissent le long des principales branches. Le pédoncule qui les supporte est, ainsi que le tube globuleux du calice, couvert de poils hispides. Les divisions du limbe sont très-courtes, entières, recouvertes extérieurement de pareils poils. Corolle de six à sept rangs de pétales concaves, d'un blanc argenté, échancrés en cœur au sommet. Fruit rond, entièrement hérissé de poils roides, et rougeâtre à la maturité.

OBSERVATIONS.

Ce Rosier diffère du *Pimpinellifólia*, 1° par ses aiguillons persistants sur le vieux bois; le R. *Pimpinellifólia* les perd ordinairement.

2° Par ses folioles bidentées et tomenteuses en-dessous; les folioles du R. *Pimpinellifolia* sont simplement dentées, et glabres sur les deux faces.

3° Par ses fruits hérissés de toute part. Ceux de l'autre Rosier sont glabres.

Notre arbrisseau, le plus élégant de tous les Rosiers à fleurs blanches, se couvre au commencement de juin d'une très-grande quantité de Roses parfaitement rondes, et comme faites au tour, surtout si l'on a évité de le tailler. Il remonte quelquefois à l'automne. On cultivait autrefois l'espèce à fleurs simples et roses au jardin du Roi: mais elle est perdue depuis longtemps.

Rosa hispida Argentea. Rosier hispide à fleurs Argentées.

P. J. Redouté pinx. Imprimerie de Rémond Lemaire sculp.

ROSA VENTENATIANA.

R. *germinibus digitaliformibus basi pedunculisque glanduloso-hispidis; caule aculeis inequalibus confertissimis rectis; alabastris foliolis floralibus subsessilibus obsitis.* (N.)

LE ROSIER VENTENAT.

DESCRIPTION.

Arbrisseau qui s'élève, en buisson peu fourni, à la hauteur de deux pieds ou environ. Les rameaux sont couverts d'une multitude de petits aiguillons droits, inégaux, très-rapprochés entre eux. Les feuilles se détachent promptement de la partie inférieure des branches; mais celles qui sont les plus voisines des boutons de la fleur et qui enveloppent presqu'entièrement les pédoncules et le tube, sont persistantes, et ne se détachent qu'à la maturité du fruit. Il en résulte que la Rose épanouie semble posée sur un lit de feuilles. Les folioles, au nombre de trois, cinq, sept, sont ellipsoïdes, finement dentées, glabres sur les deux faces, d'un verd un peu obscur en-dessus, et plus pâles en-dessous. Le pétiole qui les supporte, muni de glandes sessiles et de quelques petits aiguillons crochus, présente, à la base, des stipules étroites, bifides et rougeâtres. Les fleurs, d'une odeur fort agréable, naissent solitaires à l'extrémité des rameaux. Elles sont portées par des pédoncules couverts de poils entremêlés de glandes sessiles. Le tube du calice, en forme de dé à coudre, est glabre, lavé d'une teinte rougeâtre au sommet, et muni de quelques poils flexibles à la base. Les divisions du limbe, plus courtes que les pétales, entières, pointues au sommet, sont colorées à l'extérieur. Corolle de quatre à cinq rangs de pétales d'un rose-tendre, jaunâtres vers l'onglet, échancrés en cœur au sommet. Styles libres, presque sessiles, réunis en faisceau au centre de la fleur. Fruits à peu-près globuleux et rouges à la maturité.

Observations particulières à ce Rosier.

Ce Rosier participe du R. *Pomponiana* par son port, l'odeur agréable de ses fleurs, enfin par ses folioles rassemblées en une espèce de panache autour des boutons, comme dans le *Pomponia foliacea*, Vulg. *la Mignone charmante* des jardiniers.

Il participe encore du *Turbinata* par la forme de ses tubes:

Du *Gallica* par la forme et la disposition des aiguillons.

Enfin du *Bifera* par le don qu'il a reçu de donner des fleurs très-odorantes depuis le mois de juin jusqu'à la fin d'octobre. C'est donc un véritable hybride, dont cependant les graines, semées dans notre jardin au printemps de 1819, nous ont reproduit le même individu avec ses caractères principaux. Cette dernière circonstance nous a déterminés à donner à nos souscripteurs la figure de ce Rosier qu'on ne trouve que greffé dans les collections. Pour le proclamer espèce, il faudra connaître le résultat du nouveau semis que nous avons fait des graines de quelques fruits qui sont parvenus à maturité cette année (1822).

Notre Rosier, quoique fort agréable par ses parfums, l'est moins que beaucoup d'autres de nos jardins, à cause de la difformité de son port: en effet ses branches se dépouillent de leurs feuilles souvent avant le développement des boutons, autour desquels il ne reste qu'un amas de feuilles florales, presque sessiles, qui persistent jusqu'à la maturité du fruit.

DÉDICACE.

Nous avons dédié ce Rosier à la mémoire de *Étienne Pierre* VENTENAT, botaniste laborieux, membre de l'Institut de France, auteur du tableau du règne végétal; du catalogue des plantes de CELS; du jardin de la Malmaison, avec cent-vingt gravures faites sur les dessins de P. J. REDOUTÉ, etc.

Ce botaniste qui a fourni un grand nombre d'articles au magasin encyclopédique, et autres journaux scientifiques, né à Limoges le 1er mars 1757, est mort à Paris, l'un des conservateurs de la bibliothèque de Sainte-Geneviève, le 13 août 1808.

Rosa Ventenatiana. *Rosier Ventenat.*

P. J. Redouté pinx. *Imprimerie de Rémond* *Victor sculp.*

ROSA BIFERA VARIEGATA.

R. *germinibus infundibuliformibus pedunculisque hispido-glandulosis; foliolis margine pubescentibus, glandulosis, maculato-variegatis.* (N.)

LA QUATRE SAISONS,

(*à feuilles panachées.*)

DESCRIPTION.

Les branches de cet arbrisseau sont armées d'un assez grand nombre d'aiguillons inégaux, les uns droits, les autres recourbés. Les feuilles se composent de folioles presque rondes, à dentelure égale, légèrement tomenteuses en-dessous et en leur bord : leur surface est panachée de taches inégales, jaunâtres, disposées sans ordre. Le pétiole qui les supporte est hispide, garni de plusieurs petits aiguillons très-aigus : à sa base, sont des stipules bifides, à bordure denticulée. Les fleurs, très-odorantes, presque pleines, terminales, se réunissent en corymbe redressé à l'extrémité des rameaux. Les divisions du limbe, trois pinnatifides et deux simples, sont glanduleuses et ciliées sur les bords. Corolle de moyenne dimension, composée de cinq à six rangs de pétales, semblables à ceux de toutes les Roses du groupe des *Biferæ* dont nous avons déja eu l'occasion de parler plusieurs fois. Fruits ellipsoïdes, et rouges à la maturité.

OBSERVATIONS.

Ce Rosier n'est véritablement remarquable que par les panachures qui recouvrent ses folioles; encore faut-il dire qu'elles disparaissent souvent, sur les pieds greffés, dès la seconde ou la troisième année. Il en résulte que pour conserver cette sous-variété, qui d'ailleurs est d'un très-bel effet, il faut, tous les ans, la greffer sur églantier, et mieux, sur des pousses vigoureuses du R. *Bifera*.

M. Goupil fils, receveur-général du département de la Sarthe, qui cultive le Rosier en amateur éclairé, a bien voulu nous envoyer des greffes de cet arbrisseau, et nous mettre ainsi à même d'en donner la figure.

Rosa Bifera Variegata. *La Quatre Saisons à feuilles panachées.*

P. J. Redouté pinx. Imprimerie de Rémond Victor sculp.

ROSA SEMPERVIRENS LESCHENAULTIANA.

R. *germinibus ovatis pedunculisque hispido-glandulosis; caule petiolisque aculeatis, violaceo-pruinosis; stylis in columnam pilosam coalitis.* (N.)

LE ROSIER LESCHENAULT.

DESCRIPTION.

Nous avons donné à cette belle variété du R. *Sempervirens*, le nom de M. Leschenault, qui a bien voulu nous la communiquer. Ce savant voyageur l'a trouvée sur la montagne de Nelligerry, l'une des plus élevées de celles de Gate, en Asie, dans la presqu'île en-deçà du Gange.

L'arbrisseau est rampant, de sa nature; mais lorsqu'il rencontre un soutien, il s'élève à une hauteur prodigieuse (soixante à soixante-dix pieds). Ses branches, armées de quelques aiguillons épars, sont d'une teinte violette recouverte d'une espèce de poussière glauque, qu'on pourrait comparer à la gelée blanche: le même phénomène se fait remarquer sur presque toutes les parties foliacées du Rosier. Les feuilles se composent de cinq ou sept folioles elliptiques, ovales à la base, pointues au sommet, finement et simplement dentées. Elles sont portées par des pétioles munis d'un grand nombre de poils glanduleux, entremêlés de quelques petits aiguillons crochus. Les stipules sont décurrentes, à bords simples, bifides au sommet. Les fleurs, d'une odeur suave, naissent, plusieurs ensemble, à l'extrémité des ramuscules qui croissent le long des branches principales. Le pédoncule qui les supporte, ainsi que le tube ovoïde du calice, sont recouverts d'un très-grand nombre de poils glanduleux. Les divisions du limbe sont entières, spatulées, ou pointues, et parfois bifides au sommet. Corolle de cinq pétales, grands, d'un blanc pur, échancrés en cœur. Étamines nombreuses; styles soudés, réunis en une colonne hérissée d'un grand nombre de petits poils jaunâtres, et surmontés de stigmates violets.

OBSERVATIONS.

Le Rosier Leschenault a quelques rapports avec le *Sempervirens latifolia* que nous avons publié vol. 2 de cet ouvrage, p. et fig. 49; mais ce dernier s'en éloigne par ses tiges et toutes ses parties foliacées de couleur verte ordinaire; ses tubes à peu près glabres; ses divisions calicinales pinnatifides; ses pétales souvent marqués, à l'extérieur, de fascies longitudinales rougeâtres, etc.

Les naturels du pays dans lequel ce Rosier croît spontanément l'appellent *Samatigné*. Il n'en existe, à Paris, que des échantillons desséchés qui appartiennent à M. Leschenault de Latour. Les jardinistes regretteront qu'il n'ait pas été possible d'en apporter en Europe quelques pieds vivants : il eût été curieux de voir dans nos parcs et nos jardins paysagistes un frêle arbrisseau s'élancer vers le sommet de nos plus grands arbres, les surpasser encore, et répandre au loin le parfum de ses fleurs.

Rosa sempervirens Leschenaultiana. *Le Rosier Leschenault.*

P. J. Redouté pinx. Imprim. de Rémond Langlois sculp.

ROSA GALLICA GUERINIANA,

LE ROSIER GUERIN,

DESCRIPTION.

Ce Rosier s'élève à deux ou trois pieds, au plus. Les branches adultes sont armées d'aiguillons épars, assez forts et crochus. Les rameaux florifères sont garnis d'un grand nombre de petites épines presque droites, entremêlées d'aiguillons assez rares, pareils à ceux des branches de l'année précédente, quoiqu'un peu moins longs. Les feuilles se composent de cinq folioles d'un vert-gai, glabres en-dessus, plus pâles en-dessous, finement et inégalement dentées. Le pétiole qui les supporte est glanduleux, garni de plusieurs aiguillons, lesquels s'étendent, souvent, jusque sur la nervure principale de la foliole impaire: à sa base sont deux stipules bifides, pointues au sommet, denticulées en leur bord. Les fleurs, assez généralement solitaires, naissent à l'extrémité des rameaux qui croissent le long des branches: elles sont soutenues par des pédoncules allongés, garnis de petits poils rudes au toucher, entremêlés de quelques glandes sessiles. Le tube du calice est globuleux et glabre. Les divisions du limbe sont glabres à l'extérieur et cotonneuses à l'intérieur. Corolle de huit à dix rangs de pétales, d'une belle couleur violette au sommet, et à peu près rose vers l'onglet, irrégulièrement échancrés; ceux du centre, roulés et chiffonnés, permettent à peine d'apercevoir ce qui reste des étamines. Fruit rouge à la maturité.

OBSERVATIONS.

La variété que nous présentons se distingue de toutes les autres par la beauté du feuillage, et encore par l'élégance des fleurs dont l'arbrisseau se couvre au printemps. Elle a été obtenue de semence à Angers, il y a quelques années, par M. Guerin, cultivateur habile et patient, qui s'occupe, avec succès, de propager le Rosier et d'autres belles plantes. Les amateurs pourront se procurer cet arbrisseau dans sa pépinière.

Rosa Gallica Gueriniana. Rosier Guerin.

P. J. Redouté pinx. Imprimerie de Rémond Langlois sculp.

ROSA INDICA AUTUMNALIS.

LE BENGALE D'AUTOMNE.

DESCRIPTION.

Arbrisseau qui s'élève en buisson à un pied et demi, ou environ. Les tiges sont armées de quelques petits aiguillons épars : parfois, les rameaux florifères en sont dépourvus. Les feuilles se composent de cinq folioles à surface ondulée ou gaufrée, comme celles de l'*Indica multipetala,* mais plus petites, fermes au toucher, dentées en scie, et glabres. Ces mêmes folioles sont rougeâtres quand elles commencent à se développer. Elles sont portées par des pétioles munis, en-dessous, de quelques petits aiguillons jaunâtres ; à leur base sont des stipules étroites, bifides au sommet, denticulées en leur bord. Les fleurs, tantôt solitaires, tantôt réunies par deux, naissent à l'extrémité des rameaux. Les pédoncules qui les supportent sont garnis de poils glanduleux. Les tubes des calices sont presque ronds, comme turbinés et glabres. Corolle de cinq à six rangs de pétales, d'un beau rose nuancé de violet. Les divisions du limbe sont entières, pointues au sommet, cotonneuses à l'intérieur, et glabres à l'extérieur. Le fruit est presque globuleux, et rouge à la maturité.

OBSERVATIONS.

Cette sous-variété du R. *Indica multipetala,* se couvre d'un grand nombre de boutons au printemps et dans l'été ; mais tous avortent et se détachent avant l'épanouissement dans ces deux saisons. Ce n'est qu'à l'automne, vers le milieu du mois de septembre, que s'ouvrent complètement les boutons nouveaux que ce Rosier produit toujours en abondance. C'est M. le docteur Cartier qui nous a communiqué cet arbrisseau, qu'il a obtenu de semence dans sa belle Roseraie. Il supporte bien les gelées. Il a passé l'hiver dernier (1822) dans nos plates-bandes de terre de bruyère, et il est aujourd'hui très-vigoureux.

Rosa indica Automnalis. *Le Bengale d'Automne.*

P. J. Redouté pinx. Imprimerie de Remond Bessin sculp.

ROSA VILLOSA EVRATHIANA.

R. Evratina. Bosc, Nouv. Cours, vol. 11, p. 256. Desf. *Cat. Hort.* p. 273. Lind. Mon. p. 236.

R. (Evratina) *germinibus ovatis hispidissimis; ramis petiolisque subinermibus; foliolis quinatis ternatisve; pedunculis hispidis, fasciculato-subumbellatis, terminalibus.* Poir. Ency. supp. au vol. 4, 2e part. p. 714.

R. *Villosa* Evratina. Du P. Gymn. Ros. p. 14, spec. 5, n° 7. Thy. Prod. groupe XI, p. 65, var. ι.

LE ROSIER D'EVRATH.

DESCRIPTION.

C'est un arbrisseau très-vigoureux qui s'élève en buisson jusqu'à la hauteur de dix pieds. Ses tiges ne présentent, en général, qu'un très-petit nombre d'aiguillons; quelques individus, même, en sont entièrement dépourvus. Les feuilles se composent rarement de trois, le plus souvent de cinq à sept folioles très-grandes, glabres et d'un vert-foncé en-dessus, plus pâles et légèrement velues en-dessous; elles sont portées par un pétiole presque glabre et un peu glanduleux. Les fleurs, latérales et terminales, sont disposées en panicule pendant: les pédoncules qui les supportent sont, ainsi que les tubes ovoïdes-allongés des calices, recouverts d'un grand nombre de poils fermes, surmontés de glandes. Les divisions du limbe sont appendiculées, très-longues et glanduleuses. Les boutons des fleurs de ce Rosier s'épanouissent assez rarement. Celles des fleurs qui parviennent à se développer présentent sept à huit rangs de pétales d'un rose-tendre, et sont assez odorantes.

OBSERVATIONS.

Ce Rosier a été dédié par M. Bosc à M. Evrath, amateur distingué, auquel il a été envoyé des pépinières de Hollande, sous le nom de *Muscade noire.* Il participe du R. *Alba,* par la forme des tubes des calices; du *Villosa,* par ses folioles velues en-dessous, ses pédoncules, ses pédicelles et ses tubes recouverts de poils glanduleux; enfin du R. *Turbinata,* par l'extrême difficulté qu'éprouve l'épanouissement des boutons. On ne peut donc le considérer que comme un mulet végétal. Toutefois, Du Pont a cru apercevoir que le Rosier Evrath participait plus du Rosier velu que des autres, c'est pourquoi il l'a placé dans le groupe des *Villosæ;* opinion que nous avons adoptée.

MM. Poiret et Lindlet disent que ce Rosier est naturel au sol de la Caroline; on peut douter de ce fait, et à l'appui de notre opinion nous dirons que l'arbrisseau ne se trouve pas dans la nomenclature des Rosiers indigènes de ces contrées que nous a donnée M. Nuttall, en 1818.

Selon M. Bosc, cet arbrisseau, en raison de sa vigueur, peut avantageusement servir à recevoir la greffe, et à remplacer les églantiers qui commencent à devenir rares.

Rosa Évratina. Rosier d'Évrat.

P. J. Redouté pinx. Imprimerie de Rémond Langlois sculp.

ROSA RUBIGINOSA VAILLANTIANA.

R. *germinibus ovatis pedunculisque hispidis; foliolis ovalibus supra subglabris, nitidis, subtus margineque glanduloso-pilosis; floribus albis.* (N.)

R. *Sylvestris folio subtus villoso, flore albo.* VAILL. *Bot. Par. Ed. alt.* in 12, p. 109.

L'ÉGLANTINE DE VAILLANT,

DESCRIPTION.

Cette jolie variété du Rosier rouillé s'élève en buisson à la hauteur de deux pieds et demi, ou environ. Ses branches sont armées d'aiguillons épars, et presque droits. Les feuilles se composent de cinq ou de sept folioles assez petites, vertes, presque glabres, à peu près luisantes en-dessus, plus pâles et munies en-dessous, comme sur la bordure, de poils entremêlés de glandes roussâtres et odorantes: elles sont supportées par un pétiole velu, muni de quelques petits aiguillons jaunâtres, ayant à sa base des stipules bifides et denticulées. Les fleurs naissent à l'extrémité des ramuscules qui croissent le long des branches principales; le pédoncule qui les porte, ainsi que le tube ovoïde du calice, sont garnis de poils spinuliformes et glanduleux. Les divisions du limbe, trois pinnatifides et deux simples, sont couvertes de glandes sessiles à l'extérieur, et munies intérieurement d'un duvet blanchâtre. Corolle de cinq pétales échancrés en cœur au sommet, d'un blanc très-légèrement lavé de rose pâle au moment de l'épanouissement, se convertissant, après quelques heures, en un blanc-mat, très-pur, qui se conserve jusqu'à la chute des pétales. C'est en cela que cette variété se distingue principalement des autres du groupe des *Rubiginosæ*, lesquelles offrent des pétales d'un rouge plus ou moins foncé, lequel persiste jusqu'à la fin. Fruit petit, ovoïde, et rouge à la maturité.

OBSERVATIONS.

Nous avons donné à ce Rosier le nom du célèbre botaniste VAILLANT (Sébastien), de l'Académie des Sciences, et professeur de botanique au jardin Royal des Plantes, lequel l'a trouvé aux environs de Paris et compris dans sa Flore publiée au commencement du dix-huitième siècle. Cette variété semblait perdue puisque aucun auteur ne l'avait citée depuis VAILLANT; mais nous l'avons retrouvée, en herborisant dans les bois de Meudon, avec la société *Linnéenne,* sur les hauteurs qui avoisinent Fleury, à droite du chemin qui conduit de ce hameau à Clamart, avant l'Étoile [1].

C'est une beauté sauvage qu'il faut abandonner aux bois et aux rochers. Elle ferait peu d'effet dans nos jardins; mais elle convient aux collections botaniques.

(1) C'est en suivant ce même chemin, après avoir traversé l'Étoile, que les amateurs de champignons trouveront, à gauche, sur la bordure du bois, aux environs du poteau de Clamart, l'*Oronge franche* ou l'*Oronge jaune d'œuf,* espèce excellente, figurée, pl. 134, dans le traité de PAULET. Nous l'avons ramassée, il y a quelques années, en grande quantité, d'après l'indication consignée dans la Flore de VAILLANT. Aujourd'hui, ce champignon est moins commun depuis la dernière coupe du bois; mais on en trouve toujours quelques-uns au mois de septembre. THUILLIER, auteur de la Flore de Paris (mort le 24 novembre 1822), l'a encore ramassé dans les bois de Verrières.

Rosa Rubiginosa Vaillantiana — *L'Eglantine de Vaillant*

P. J. Redouté pinx. — Imprimerie de Rémond — Victor sculp.

ROSA MUSCOSA ANEMONE-FLORA.

R. *germinibus, caule, pedunculis pedicellisque spinulis inequalibus, rectis, confertissimis horridis; laciniis calycinis glanduloso-viscidis; floribus erectis; petalis amœne involutis.* (N.) *Ex semine* R. *muscosæ subsimplicis, in hort.* Lemeunier.

LA MOUSSEUSE DE LA FLÈCHE.

DESCRIPTION.

Ce Rosier a été obtenu de semence, par M. Lemeunier qui nous l'a communiqué, en exprimant le vœu de le voir publier sous le nom de la ville qu'il habite, à laquelle il a cru pouvoir dédier cette nouveauté. Nous nous empressons de satisfaire à ses désirs, persuadés que nous sommes du bon accueil que recevra sa dédicace [1].

Notre arbrisseau forme un buisson de la hauteur de dix-huit à vingt pouces, et paraît susceptible de s'élever encore davantage. Ses jeunes rameaux, d'abord d'un rouge brun, se convertissent en une couleur grisâtre en mûrissant. Ils sont armés d'un grand nombre d'aiguillons inégaux, droits, très-rapprochés, qui s'étendent jusque sur le pédoncule commun et les

(1) Le sol Angevin est très-favorable à la culture du Rosier; aussi trouve-t-on à Angers, à La Flèche, au Mans, et dans les départements de la Sarthe, et Maine-et-Loire, une multitude de jardins dans lesquels on cultive cet arbrisseau avec un grand succès. Déja beaucoup de variétés curieuses ont été signalées dans les semis, et le zèle des cultivateurs et des amateurs en fait espérer encore beaucoup d'autres. Les collections les plus renommées sont celles de MM. Lemeunier, Goupil fils, receveur-général du département; Narcisse Desportes, botaniste distingué; Bizard, conseiller à la Cour royale; le général Delaage; Drouet, Dagonneau, Poilpré, Follard, etc.

pédicelles. Les feuilles se composent de cinq ou de sept folioles d'un vert-obscur, assez petites, allongées, pointues au sommet, arrondies à la base, glabres en-dessus, couvertes en-dessous, comme sur la bordure, de glandes très-rapprochées et souvent ramifiées. Les jeunes folioles se présentent avec une teinte rousseâtre prononcée et très-remarquable; mais elles finissent par prendre, en grandissant, la teinte verte générale. Les fleurs sont toujours droites, jamais penchées comme dans les mousseuses ordinaires, quelquefois solitaires, mais le plus souvent plusieurs ensemble à l'extrémité des rameaux. La corolle se compose de quatre à cinq rangs de pétales convergents vers le centre, comme dans la Rose cent-feuilles anémone, d'une teinte générale rose-foncé, quelques-uns cependant panachés de taches d'un rose plus tendre, quelquefois blanchâtres. Les tubes du calice, les pédoncules et les pédicelles sont armés de poils spinuliformes, longs, et qui résistent au toucher. Les étamines sont très-longues : nous n'avons pas vu le fruit.

OBSERVATIONS.

Cet élégant arbrisseau est très-remarquable dans les divers degrés de sa végétation. Sommités, tiges, aiguillons, supports, diamètre des fleurs, leur couleur, rien n'est semblable aux Rosiers mousseux ordinaires; aussi distinguera-t-on toujours au premier coup-d'œil le Rosier mousseux de La Flèche. Il nous a semblé qu'on devait le cultiver à l'ombre, car les fleurs se sont flétries promptement sur le pied que M. Lemeunier a envoyé à l'auteur du texte de cet ouvrage, il y a plus de deux ans, et qui se trouve exposé à un très-grand soleil.

Rosa Muscosa Anemone-flora. La Mousseuse de la Flèche.

P. J. Redouté pinx. Imprimerie de Remond Victor sculp.

ROSA POMPONIANA MUSCOSA.

R. *germinibus pedunculis petiolisque glanduloso-viscosis (muscosis); floribus subgemellis.* (N.)

LE POMPON MOUSSEUX.

DESCRIPTION.

Cette variété du Rosier Pompon nous vient d'Angleterre, où l'on cultive aussi le *Pompon mousseux blanc,* qu'on trouve dans la pépinière de M. Kennedy. La tige, qui s'élève à un pied au plus, est recouverte d'un grand nombre de petits aiguillons inégaux, presque droits, rapprochés, entre-mêlés de poils glanduleux. Les feuilles se composent de trois ou de cinq folioles glabres en-dessus, glanduleuses en-dessous et sur la bordure; elles sont portées par un pétiole couvert de glandes. Les fleurs sont terminales, disposées par deux, assez souvent par trois, à l'extrémité des rameaux. Le pédoncule, les pédicelles, le tube du calice et les divisions du limbe, sont recouverts de poils visqueux, ramifiés, assez semblables à de la mousse. Les bractées qui accompagnent les pédicelles sont très-allongées, spatulées, même foliacées au sommet. Corolle de huit à dix rangs de pétales à peu près, de la couleur de ceux du Pompon ordinaire.

OBSERVATIONS.

Les personnes qui se livrent à la culture du Rosier, ont pu remarquer que, depuis quelques années, le nombre des Rosiers mousseux s'est fort accru, et que la semence d'espèces, ou de variétés, qui n'avaient jamais présenté ce phénomène, les reproduit, assez souvent, avec des Roses mousseuses. Cette singularité a fixé l'attention de M. J. Cl. Bozérian, si renommé par ses belles reliures, maintenant fixé à sa terre du Haut-Fontenay, près Vendôme, où il s'occupe, en grand, de la culture de cet arbrisseau et de sa multiplication, particulièrement par la semence.

M. Bozérian a cru trouver de l'identité entre les poils ramifiés qui enveloppent les tubes des Rosiers mousseux, et ces excroissances qui entourent l'éponge ou galle du Rosier, que les botanistes nomment *bédéguard*. Partant de cette idée, après avoir observé les fleurs de ses Rosiers, et suivi le développement de leur végétation, il a été amené à penser qu'on pouvait attribuer aux larves de l'*Ichneumon* à longue queue (1) le phénomène des Rosiers mousseux. Voici ce que dit ce laborieux jardiniste dans un mémoire manuscrit qu'il nous a communiqué, et qu'il se propose d'envoyer à la société d'Agriculture de Paris.

« L'insecte attiré par l'odeur du pollen, au moment de la fécondation des fleurs, introduit « son long aiguillon dans chaque pistil, pénètre jusqu'à l'ovaire, y dépose un œuf qui ne « tarde pas à éclore. Les larves qui en résultent s'emparent des matières nutritives contenues « dans l'ovaire, et transforment tout l'appareil de la fleur en un véritable *bédéguard* recouvert « d'une végétation visqueuse qui a toute l'apparence d'une mousse fine, palmée, ramifiée. « semblable à celle qu'on remarque sur nos Roses mousseuses... »

L'auteur du mémoire a ouvert et examiné avec attention un grand nombre de ces *bédéguards*, soit secs, soit dans leur état de végétation; il a trouvé plusieurs graines qui, bien qu'elles aient été extérieurement enduites des matières visqueuses dont la larve semble elle-même formée, n'avaient cependant pas été percées à l'intérieur par l'aiguillon de l'insecte, au moment de son invasion... d'où il a conclu que ces graines, ayant conservé leur faculté germinative, ont dû, et doivent, attendu la viscosité qui les recouvre, donner naissance à des Roses mousseuses.

On voit que, jusqu'à présent, tout ceci n'est que conjecture: il faudrait que les résultats de la semence vinssent confirmer l'opinion de M. Bozérian, en nous donnant en effet des Roses mousseuses. C'est ce dont il s'occupe: déja depuis trois ans, il a semé un bon nombre de graines échappées à l'aiguillon de l'Ichneumon et provenant des débris de ses *bédéguards*: toutes sont levées; mais on n'a pas encore vu de fleurs. Il faut espérer que le printemps de 1824 éclaircira ce nouveau fait de physique végétale.

(1) *Ichneumon manifestator*, De Fourcroy, *Entom. Par.* 374. 5. C'est un insecte de l'ordre des *hyménoptères*. « Les femelles ont un aiguillon quelquefois plus long que le corps, placé entre deux étuis minces comme lui; ce qui « leur donne l'air d'avoir une queue composée de trois poils; elles s'en servent pour percer le corps des chenilles « et autres larves d'insectes, et pour y placer leurs œufs. Les larves qui en éclosent dévorent les parties intérieures « de celle dans laquelle elles se trouvent, et la font périr souvent avant qu'elle devienne nymphe, mais toujours « avant qu'elle passe à l'état parfait. Alors elles en sortent pour filer leur coque, et se métamorphoser elles-mêmes. » Cuvier, Tab. Elem. p.505.

Les naturalistes ne sont pas d'accord sur l'insecte qui produit le *bédéguard*; la nature de cette excroissance spongieuse n'est pas même bien connue. Les curieux pourront, au reste, consulter les ouvrages suivants: 1° Rammelt. Traité des excroissances du Rosier, en allemand; 2° Camerarius, *Spongia rosæ sylvestris quid?* et quelques autres écrits spéciaux, qu'on trouvera énoncés dans notre *Bibliotheca Botanica Rosarum* comprise dans cet ouvrage, vol. 1. page. 225.

Rosa Pomponiana muscosa. *Le Pompon mousseux.*

P. J. Redouté pinx. Imprimerie de Rémond Victor sculp.

ROSA INDICA FRAGRANS,

(*flore simplici.*)

Voir, dans cet ouvrage, *Rosa Indica fragrans*, vol. 1, p. et fig. 61.

LE ROSIER A ODEUR DE THÉ,

(*à fleurs simples.*)

DESCRIPTION.

Petit arbrisseau dont les tiges sont armées d'aiguillons épars, droits, dilatés à leur base. Les feuilles se composent de trois, ou de cinq folioles ellipsoïdes, pointues à la base et au sommet, glabres, luisantes en-dessus, crénelées en leur bordure. Elles sont portées par un pétiole légèrement velu, garni de quelques petits aiguillons très-fins que, le plus souvent, on sent plutôt au toucher qu'on ne peut les apercevoir à l'œil nu : à sa base sont deux stipules étroites, bifides, denticulées sur leur bord. Les fleurs sont disposées par trois ou quatre à l'extrémité des rameaux qui sortent des branches principales. Le pédoncule et les pédicelles qui les supportent sont glabres; chaque pédicelle est muni de bractées très-étroites, allongées et pointues au sommet. Les tubes des calices sont arrondis et glabres. Les divisions du limbe, trois pinnatifides et deux simples, sont également glabres, pointues, rarement spatulées. Corolle de cinq pétales assez grands, échancrés en cœur, d'un rose-tendre, et répandant au loin une odeur suave. Étamines longues, renversées sur les styles, comme dans toutes les variétés du R. *Indica*. Fruit presque globuleux, d'abord rouge, et noir, ensuite, à sa maturité.

OBSERVATIONS.

Cette Rose provient de la semence des graines du Rosier à odeur de thé, faite, à Auteuil, dans les pépinières de M. Ternaux. Elle est principalement remarquable par son odeur et la jolie couleur de ses pétales. Il faut cultiver l'arbrisseau en pot, et le rentrer dans l'orangerie, comme tous les Rosiers délicats.

Rosa indica fragrans flore simplici. *Le Bengale thé à fleurs simples.*

P. J. Redouté pinx. Imprimerie de Rémond. Victor sculp.

ROSA NOISETTIANA PURPUREA.

Voyez vol. 2 de cet ouvrage, p. et fig. 77.

LE ROSIER NOISETTE,

(*à fleurs roses.*)

DESCRIPTION.

C'est une très-belle et curieuse variété du Rosier dont nous avons donné la figure et la description dans le cours de cette monographie, sous le nom du Rosier *Ph. Noisette.* Toutefois, les deux arbrisseaux présentent quelques légères différences; nous croyons qu'il suffira de les établir ici, et que nous pouvons nous dispenser de répéter une description qui serait à peu près semblable à celle que nous avons déja donnée.

En général la *Noisette à fleurs roses* est plus petite, dans toutes ses parties, que la *Ph. Noisette.*

Ses jeunes folioles sont d'un vert plus obscur que celles de ce dernier Rosier. Elles sont aussi un peu plus chiffonnées et moins étalées.

Les lanières du calice sont appendiculées dans les fleurs des deux Rosiers; mais les appendices de celles du R. *Ph. Noisette* sont aplaties, comme foliacées; dans la *Noisette rose* elles sont sétacées.

Avant l'anthèse, la Rose de *Ph. Noisette* est d'une couleur incarnate, qui se dégrade, lors de l'épanouissement, au point de devenir presque blanche.

Notre Rosier, au contraire, offre des pétales d'une couleur de rose-vif, qui persiste, et prend même plus d'intensité à l'époque de leur chute. Au reste, comme le R. de *Ph. Noisette*, notre arbrisseau est susceptible de s'élever à une grande hauteur; il présente de charmants bouquets chargés d'une multitude de fleurs très-odorantes, qui se succèdent depuis le mois de juin jusques aux gelées.

OBSERVATIONS.

C'est encore dans les pépinières de M. Ternaux qu'est née cette belle variété. Son jardinier en chef[1], dont les amateurs ont apprécié, depuis long-temps, les connaissances et le goût, nous a dit l'avoir obtenu, l'an passé (1822), de la semence des graines du Rosier *Noisette* commun. Il a ainsi signalé comme espèce ce bel arbrisseau, que nous n'avions présenté que comme hybride.

Cette circonstance nous a donné l'occasion d'examiner de nouveau toutes les parties du Rosier; et nous avons reconnu qu'indépendamment de la grande quantité de fleurs dont il se couvre, il présente des stipules pectinées, qui le placent dans le second groupe de notre division des Rosiers. (Voyez *floridæ*, dans notre Prod. de la Mon. du Rosier, p. 36.) Le Rosier *Ph. Noisette*, et sa variété, maintenant acclimatés en France, puisqu'ils ont résisté, en pleine terre, aux rigueurs de l'hiver dernier (1822), paraissent destinés à faire long-temps l'ornement de nos jardins.

(1) I. Laffay. Il cultive spécialement le Rosier dans une pépinière indépendante du jardin de M. Ternaux. Les curieux de Rosiers rares pourront s'en procurer chez lui.

Rosa Noisettiana purpurea. — *Rosier Noisette à fleurs rouges.*

P. J. Redouté pinx. — Imprimerie de Rémond — Langlois sculp.

ROSA CANINA BURBONIANA.

R. *germinibus ovatis glabris, pedunculis hispidis, bracteis glanduloso-ciliatis, caule petiolisque aculeatis.* (N.)

Non, R. *Gallica Burboniana*, THY. in RED. R. vol. 1, p. et fig. 74. IDEM, Prod. p. 17, var. ξ.

Non, R. *Burbonia* ROESS. Beschréi. der Ros. 2, p. 28; n° 12; *Non*, R. Bourbon, Rose Pivoine, Rose de Jéricho, GUERR. Alm. des R. p. 55.

LE ROSIER DE L'ILE DE BOURBON.

DESCRIPTION.

Arbrisseau rameux, touffu, vigoureux, qui s'élève à plusieurs pieds. Ses branches sont armées d'aiguillons rougeâtres, forts, recourbés, dilatés. Les feuilles se composent de cinq ou de sept folioles arrondies à la base, pointues au sommet, glabres sur les deux faces, vertes et luisantes en-dessus, plus pâles en-dessous, simplement dentées. Elles sont portées par un pétiole velu, garni de quelques petites glandes sessiles et de petits aiguillons. A sa base, sont deux stipules décurrentes, pointues au sommet, denticulées en leur bordure. Les fleurs, d'une odeur douce et agréable, sont disposées plusieurs ensemble à l'extrémité des rameaux qui croissent le long des branches principales. Les pédoncules qui les supportent, chargés de petites glandes, présentent, à leur base, des bractées allongées ciliées et glanduleuses. Le tube du calice est ovoïde et glabre. Les divisions du limbe sont pinnatifides à pinnulles presque sétacées. Corolle de trois à quatre rangs de pétales, échancrés en cœur au sommet, d'un rose éclatant. Fruit ovoïde, un peu arrondi et rouge à la maturité.

OBSERVATIONS.

Ce Rosier, au rapport de S. A. R. Monseigneur le duc d'Orléans, croît naturellement dans les lieux incultes de l'île de Bourbon : des graines apportées il y a quelques années, l'ont reproduit dans ses jardins de Neuilly, où le peintre de cet ouvrage a fait son dessin. Son port est très-beau; l'abondance de ses fleurs, quelquefois presque simples, le plus souvent semi-doubles, leur belle couleur comme leur parfum, le feront sans doute rechercher pour l'ornement des jardins paysagistes.

Rosa Canina Burboniana. *Rosier de l'Île de Bourbon.*

P. J. Redouté pinx. Imprimerie de Rémond [illegible] sculp.

ROSA POMPONIANA

(*Remensis.*)

R. *germinibus subrotundis, pedunculisque subhispidis; laciniis calycinis brevissimis, appendiculatis, lineari-setaceis; floribus ex rubro purpureis.* THY. *in* RED. Roses, vol. 2, p. 58. IDEM, Prod. p. 80, var. γ.

R. REMENSIS. DESF. CAT. D. C. Fl. franc. Ed. 3, 3708.

R. *Burgundiaca.* ROESS. Roses, tab. 4. R. *Provincialis* PERS. Syn. p. 27.

R. *Centifolia Meldensis* DU P. *Gym. Ros.* p. 16, n° 24.

Le petit Saint François. Le Pompon de Reims. Le Rosier de Meaux. Le petit Provins violet. Le Rosier de Champagne. HORTUL.

LE ROSIER POMPON,

(*variété à fleurs pourpres.*)

DESCRIPTION.

Rosier très-commun dans les jardins, et qu'on a long-temps confondu avec le Pompon de Bordeaux. M. le professeur DE CANDOLLE en a donné, dans la Flore Française, une excellente description que nous reproduisons ici.

« Sous-arbrisseau assez touffu, et dont la hauteur ne dépasse « pas six, huit décim. Ses aiguillons sont peu nombreux, pres- « que droits; ses pétioles portent à la fois quelques aiguillons, « des poils glanduleux, et des poils non glanduleux; ses feuilles « ont cinq folioles ovales, un peu lancéolées, glabres, et d'un

« vert-foncé en-dessus, pâles en-dessous, pubescentes sur les « nervures, bordées de dents en scie, glanduleuses, et munies « elles-mêmes de dents glanduleuses. Les fleurs sont petites, « solitaires, d'un rouge-pourpre-foncé, ordinairement doubles; « leur pédicelle est glabre, muni de deux ou trois aiguillons « avortés, à peine visibles; le tube du calice est glabre, ovoïde; « ses lanières sont très-velues en-dedans... Il est commun sur « les montagnes aux environs de Dijon. »

OBSERVATIONS.

Le *Pomponia Remensis* diffère du *Pomponia Burgundiaca*, figuré dans cet ouvrage, vol. 1, p. 65, non-seulement par la couleur de ses fleurs, mais encore par ses rameaux droits, plus rapprochés et plus nombreux.

Le Pompon à fleurs pourpres est propre à former de jolies bordures dans les jardins d'ornement; il supporte très-bien le ciseau, qu'il faut employer immédiatement après la floraison. Il fleurit mal à l'ombre; il n'exige d'ailleurs aucune culture.

Nous terminerons ici notre travail sur les Roses (1): depuis long-temps, les amis des arts ont jugé les dessins de cette collection, ainsi que l'exécution des gravures; ils ont daigné les approuver et reconnaître en eux tout le mérite qu'on exige de ces sortes de compositions.

Quant au texte, l'auteur de cette partie de l'ouvrage n'a rien épargné pour remplir une tâche que l'amitié lui avait confiée, et qu'il s'honore d'avoir essayée. Il ose le

(1) Notre ouvrage, ainsi que nous l'avions annoncé dans l'avant-propos, devait être terminé par une glossologie du Rosier; mais en considérant que, pour la description des formes extérieures de cet arbrisseau, nous n'avons employé que des termes déja connus, et qu'on trouve, pour la plupart, dans les écrits didactiques des Botanistes anciens et modernes, nous avons cru pouvoir nous dispenser de donner ce vocabulaire. Nous nous contenterons donc de renvoyer aux auteurs qui ont traité spécialement ce sujet, tels que: LINNÉ, HEDWIG, LINK, DE LAMARQUE, RICHARD, VENTENAT, DE CANDOLLE, MIRBEL, LOISELEUR, MÉRAT, RICHARD fils, etc.

Rosa Pomponia Burgundiaca. *Le Pompon de Bourgogne.*

P. J. Redouté pinx. *Imprimerie de Rémond* *Langlois sculp.*

dire, toutes ses remarques ont été établies sur une étude approfondie du genre, comme sur l'expérience qu'il peut avoir acquise non seulement dans ses voyages à l'intérieur de la France, mais encore par la culture, pendant plus de vingt-cinq ans, de la plupart des individus qu'il a décrits.

Il s'est adressé, pour ne pas s'égarer dans cette route nouvelle, aux Botanistes les plus distingués, aux amateurs les plus exercés, aux pépiniéristes les plus instruits du royaume et de l'étranger. Leur confiance, leurs communications amicales et empressées ont diminué son travail, et donné du charme à une matière aussi aride. Toutefois si, malgré ses efforts, des fautes, des erreurs, se sont glissées dans cet ouvrage, il espère qu'on voudra bien les attribuer à des difficultés qui, pour être vaincues, demandaient, sans doute, une plume plus exercée que la sienne. Trop heureux, alors, si quelques parties de son travail, venant à mériter les honneurs d'une critique éclairée, pouvaient donner lieu à des discussions dont le résultat serait de procurer des connaissances plus étendues sur le Rosier et ses nombreuses variétés, mais surtout une bonne monographie de cet arbrisseau, attendue depuis si long-temps.

TABLEAU SYNOPTIQUE DE LA DIVISION, EN XXV GROUPES, DES ESPÈCES CONNUES DU GENRE ROSIER.

§. Ier.

RÉUNION ARTIFICIELLE D'APRÈS LES DIFFÉRENTS ÉTATS DES TIGES.

α. GRIMPANTES OU COUCHÉES.				β. MUNIES D'AIGUILLONS DROITS, OU DE POILS FLEXIBLES.			γ Munies d'aiguillons stipulaires crochus, géminés, parfois verticillés.	δ. PEU OU POINT D'AIGUILLONS.	
I. SIMPLICIFOLIÆ.	II. FLORIDÆ.	III. LÆVIGATÆ.	IV. BANCKSIENENSES.	V. SPINOSISSIMÆ.	VI. HISPIDÆ.	VII. AMERICANENSES.	VIII. CINNAMOMEÆ.	IX. ALPINENSES.	X. HUDSONIANÆ.
Rosiers à feuilles simples.	A bractées et stipules profondément incisées; beaucoup de fleurs.	A feuilles de trois, rarement de cinq folioles.	A bractées libres; à fleurs disposées en une ombelle parfaite.	A tiges armées d'un grand nombre d'aiguillons fermes, droits, d'inégale longueur. Pédoncules nus.	A tiges chargées d'une multitude de poils droits, flexibles, presque égaux, parfois entremêlés d'aiguillons.	A tiges munies d'aiguillons stipulaires opposés, presque droits; folioles finement et simplement dentées.	A tiges armées d'aiguillons stipulaires crochus, géminés, parfois verticillés.	A tiges presque toujours sans aiguillons; folioles bidentées; stipules dilatées.	A tiges absolument glabres; à stipules roulées.
1. *R. Berberifolia.*	2. *R. multiflora.* 3 *Noisettiana*	4. *R. nivea.*	5. *R. Bancksiæ.*	6. *R. pimpinellifolia.* 7. *R. Reduteana.* 8. *R. myriacantha.* 9. *R. Kamtschatka.*	10. *R. hispida.* 11. *R. Candolleana.*	12. *R. Caroliniana.* 13. *R. lucida.* 14. *R. parviflora.* 15. *R. setigera.*	16. *R. cinnamomea.*	17. *R. Alpina.*	18. *R. Hudsoniana.*

§. II.

RÉUNION ARTIFICIELLE D'APRÈS LES DIVERSES MODIFICATIONS DES FOLIOLES.

XI. VILLOSÆ.	XII. COLLINÆ.	XIII. CENTIFOLIÆ.	XIV. POMPONIANÆ.	XV. SEMP. FLORENTES.	XVI. GALLICÆ.	XVII. ALBÆ.	XVIII. MONTANÆ.	XIX. CYNORRHODONENSES.	XX. GLANDULOSÆ.	XXI. SPINOSULÆ.
Folioles velues sur les deux faces et sur la bordure.	Folioles glabres en dessus, velues en dessous et sur la bordure : simplement dentées.	Folioles molles au toucher, pubescentes en dessous, munies en leur bord d'un duvet entremêlé de glandes: bidentées.	Folioles arrondies présentant les mêmes caractères que le précédent, mais plus fermes, et simplement dentées.	Folioles glabres en dessus, velues en dessous, ciliées, mais non glanduleuses en leur bord; simplement dentées.	Folioles fermes, comme cassantes, finement et doublement dentées; glabres en dessus, pubescentes en dessous.	Folioles pubescentes en dessous, simplement dentées; tubes brusquement arrondis à la base.	Folioles serratures, glabres sur les deux faces, seulement glanduleuses en leur bord.	Folioles glabres sur les deux faces et sur la bordure; bractées opposées ciliées ou glanduleuses.	Folioles glabres ou pubescentes en dessous, couvertes de glandes en dessous et sur les bords.	Folioles glabres en dessus, convexes, en dessous, tant sur les nervures médianes que sur les nervures confuses, d'un grand nombre de petites épines, entremêlées de glandes.
19. *R. villosa.* 20. *R. mollissima.* 21. *R. tomentosa.* 22. *R. farinosa.* 23. *R. Caucasica.*	24. *R. collina.*	25. *R. centifolia.* 26. *R. muscosa.*	27. *R. pomponia.*	28. *R. damascena.* 29. *R. bifera.*	30. *R. gallica.*	31. *R. alba.*	32. *R. montana.* 33. *R. trachyphylla.* 34. *R. eglanteria.* 35. *R. bisserrata.* 36. *R. Malmundariensis.*	37. *R. oxyphylla.* 38. *R. canina.* 39. *R. verticillacantha.* 40. *R. Andegavensis.*	41. *R. rubiginosa.* 42. *R. sepium.*	43. *R. spinulifolia.*

§. III. *Réunion d'après les modifications des tubes.*			§. IV. *Réunion d'après les étamines.*	§. V. *Réunion d'après les modifications des styles.*	
XXII. TURBINATÆ.		XXIII. BRACTEATÆ.	XXIV. INDICÆ.	XXV. SYNSTYLÆ.	
Tubes des calices offrant la forme d'une toupie.		Tubes recouverts en tout ou en partie de bractées ou de feuilles florales.	Étamines allongées, contournées, se renversant sur les styles. Lanières défléchies avant l'épanouissement.	Styles soudés, plus ou moins allongés, réunis en une petite colonne glabre ou hispide. Tiges rampantes ou érigées.	
44. *R. turbinata.* 45. *R. rapa.* 46. *R. inermis.* 47. *R. Rosenbergiana.*	48. *R. campanulata.* 49. *R. Orbessanea.* 50. *R. sulfurea.*	51. *R. bracteata.* 52. *R. clinophylla.*	53. *R. Indica.* Tous les rosiers dits du Bengale sont compris dans ce groupe.	54. *R. arvensis.* 55. *R. stylosa.* 56. *R. sempervirens.*	57. *R. moschata.* 58. *R. brevistyla.* 59. *R. Rubifolia.*

TABLE ALPHABÉTIQUE

DES NOMS DES ROSES

DÉCRITES OU CITÉES DANS LES TROIS VOLUMES
DE CET OUVRAGE.

C.

D.

E.

Q.

R.

S.

TABLE ALPHABÉTIQUE

De quelques articles étrangers à la précédente, tels que renvois aux groupes et nomenclatures d'espèces, noms propres, anecdotes, etc.

U.

V.

Y.

FIN.

ERRATA, *addenda et delenda*

TOME PREMIER.

Page 12, lignes 13 et 14 : VENTÉNAT, *lisez*, VENTENAT.
Page 24, ligne 14 : cet, *lisez*, cette.
Page 38, ligne 16 : frans, *lisez*, francs.
Pages 43 et 44, lignes 1 et 18 : clynophylla, *lisez*, clinophylla.
Page 67, ligne 11 : moux, *lisez*, mous.
Page 69, ligne 16 : renette, *lisez*, reinette.
Page 76, ligne 23 : œuillet, *lisez*, œillet.
Page 78, ligne 4 : supprimer la fin, à partir de ces mots, *c'est à cette*, c'est-à-dire les 5e, 6e et 7e lignes entières, notre assertion étant erronée, attendu que la Rose bleu-céleste de DU PONT est un R. *Alba*.
Page 79, ligne 20 : frans-de-pied, *lisez*, francs-de-pied.
Page 91, ligne 21 : spatlulé, *lisez*, spatulé.
Page 99, ligne 7 : page 30, *lisez*, page 33.
Page 101, ligne 21 : vergettées, *lisez*, vergetés.
Dernière page. *Avis pour la reliure*, ligne 6 : au lieu de page 67, *lisez*, page 57; et ligne 7 : le *Fœtida*, à la page 133, *lisez*, à la page 131.

TOME SECOND.

Page 37, ligne avant-dernière : Grandidenta, *lisez*, Grandidentata.
Page 48, ligne 1 : corrolle, *lisez*, corolle.
Page 70, ligne 34 : tialler, *lisez*, tailler.
Page 85, ligne 12 : synoymis, *lisez*, synonymis.

TOME TROISIÈME.

Page 7, ligne 18 : cilicée, *lisez*, ciliée.
Page 8, ligne 12 : septenua, *lisez*, septena.
Page 31, ligne avant-dernière : stolomifères, *lisez*, stolonifères.
Page 33, ligne 17 : crennelées, *lisez*, crénelées.
Page 50, ligne 17 : Pentade, *lisez*, Pintade.
Page 59, ligne antépénultième : pédondules, *lisez*, pédoncules.
Page 66, ligne 19 : R. Bifera, *lisez*, R. Bifera.
Page 71, ligne 4 : colommame longatam, *lisez*, columnam elongatam.
Page 75, ligne 4 : fugens, *lisez*, fulgens.
Page 75, ligne 12 : anthère, *lisez*, anthèse.
Page 78, ligne dernière : Sultanne, *lisez*, Sultane.
Page 94, ligne 16 : LINDLET, *lisez*, LINDLEY.
Page 108, ligne avant-dernière : DE LA MARQUE, *lisez*, DE LA MARCK.

Nota. Dans le cours des trois volumes, l'adjectif *vert* a été souvent imprimé, par erreur, *verd*. Il faut aussi lire VILMORIN, au lieu de, VILLEMORIN, et miss LAWRENCE, au lieu de miss LAWRANCE.

Cetera sphalmata typographica, et quidquid humana incuria fudit, benignus corrigat lector.

NOCCA, *Elem. di Bot.*

AU RELIEUR.

Chacune des feuilles de cet ouvrage contient la description de deux Roses, de sorte qu'une figure se trouve placée à chaque page. Mais, dans ce troisième volume, la feuille 20 comprend, par une circonstance particulière, la description de quatre Roses. Ainsi, à la page 77, le relieur placera deux figures, savoir, l'*Agathe carnée*, et la *Maheca*, décrites pages 77 et 78.

A la page 79, il placera encore deux Roses, qui sont: le *Rosier à boutons renversés*, fleurs simples, et le même, fleurs doubles, tous deux compris dans une même description, pages 79 et 80.

www.ingramcontent.com/pod-product-compliance
Lightning Source LLC
LaVergne TN
LVHW020559230826
846091LV00002B/539